Christian Ritter

Kant und Hume

Christian Ritter

Kant und Hume

ISBN/EAN: 9783744686662

Hergestellt in Europa, USA, Kanada, Australien, Japan

Cover: Foto ©Thomas Meinert / pixelio.de

Weitere Bücher finden Sie auf **www.hansebooks.com**

KANT UND HUME.

INAUGURAL-DISSERTATION

ZUR

ERLANGUNG DER PHILOSOPHISCHEN DOCTOR-WÜRDE

AN DER

UNIVERSITÄT HALLE

VON

CHRISTIAN RITTER

AUS ANHALT.

HALLE,

1878.

Nachdem Locke gelehrt hatte, dass der Geist angeborene Ideen nicht habe, sondern dass alle Vorstellungen unserer Seele nur Abbilder sinnlicher Eindrücke seien, unternahm es bekanntlich Hume, der sich den Ideen Lockes anschloss, zu untersuchen, durch welche Beziehungen das Denken die durch sinnliche Eindrücke empfangenen Vorstellungen mit einander verknüpfe. Mit seltenem und allgemein anerkanntem Scharfsinne entwickelte er in einzelnen Untersuchungen die Consequenzen der von ihm selbst gebilligten Lockeschen Gedanken. Nachdem er die einzelnen Beziehungen der Vorstellungen aufgesucht, versuchte er, ihren Werth und ihre Gewissheit im Dienste der Erfahrung festzustellen. Achnlichkeit, Berührung in Raum und Zeit und die Ursachlichkeit sind nach seiner Ansicht die drei Gesetze der Gedankenverbindung. Von diesen drei Gesetzen wählt er die Ursachlichkeit zum Gegenstande seiner Untersuchungen. Indem er die Gewissheit derselben feststellen will und deshalb auf ihren Ursprung zurückgeht, zeigt er, dass dieses Gesetz der Gedankenverbindung eine nur in sehr geringem Grade zuverlässige Gewöhnung unseres Verstandes sei, die durch sich wiederholende Eindrücke gebildet werde; ja er geht sogar soweit, anzudeuten, dass ein Theil der Vorstellungen, die wir uns von Gegenständen machten, Abbilder unserer Empfindungen und geistigen Fähigkeiten seien, die von uns nur auf die Gegenstände übertragen würden. Diese Untersuchungen, von denen Hume sagt, dass vor ihm noch kein Philosoph sie angestellt habe, involvirten einen Angriff sowohl gegen Locke, als auch gegen die alte vorkantische Methaphysik, die beide die Denkformen zu Formen der Dinge machten, und wären im Stande gewesen, durch Vernichtung eines der Grundgesetze des Denkens ein für alle Mal die Grundlagen der Erfahrung zu erschüttern. Jedoch war dieser Angriff nur einseitig, da Hume denselben nicht gegen alle Gesetze des Denkens zu richten vermochte, weil eine Wissenschaft durch die Schärfe und Zuverlässigkeit im Denken sowohl, als auch durch ihre Brauchbarkeit für die Erfahrung ihn zwang, wenigstens ihr Gebiet ungefährdet zu lassen. Diese Wissenschaft war die Mathematik.

Während er nach einer Seite hin durch Zweifeln alles ungewiss macht, giebt er über die Mathematik Urtheile ab, die den Punkt bieten, von welchem aus eine Neubegründung der erschütterten Wissenschaft unternommen worden ist. So verderblich für die Metaphysik also das Resultat der Zweifel hätte werden können, so fruchtbar für eine Neubegründung derselben ist es geworden. Denn nicht bloss stellte er durch seine Zweifel ein Problem für diese Wissenschaft auf, sondern er zeigte auch von dem allgemeinen Standpunkte, den er einnahm, und durch die besonderen positiven Gedanken, die er aussprach, den Weg, der zu einer Lösung des von ihm gestellten Problems geführt hat. Diesen Weg ist Kant gegangen.

Kant selbst spricht es öfter aus, in wie enger Beziehung die Kritik der reinen Vernunft zu Humes Zweifeln stehe; er bekennt, dass Hume ihn zuerst aus seinem dogmatischen Schlummer geweckt habe, ja dass der transscendentale Idealismus im Grossen und Ganzen nicht mehr sei, als die Lösung der zu eng und nicht allgemein genug vorgestellten Zweifel Humes. Während er sich also auf den Standpunkt Humes stellte, vermied er den Fehler desselben, die Frage zu eng und zu vereinzelt zu stellen, sondern dehnte dieselbe auf das ganze Gebiet der Erkenntniss aus, indem er alle Grundlagen derselben für ungewiss und einer Neubegründung bedürftig erklärte. Auf diese Weise trat er dem unkritischen Dogmatismus mit stärkerer Consequenz entgegen als Hume, löste aber auch das gestellte Problem mit Erfolg. Dies Ergebniss erfüllte ihn mit einem begründeten Stolze; er vergleicht seine That mit der des Kopernikus, um anzudeuten, dass, wie dieser einer Wissenschaft den rechten Weg gezeigt, auch er einer anderen denselben Dienst geleistet habe. Aber so gross, wie er von sich selbst denkt, denkt er auch von Hume, dessen That er für die folgenreichste hält, die jemals zum Behufe der Metaphysik habe unternommen werden können. „Seit dem Entstehen der Metaphysik, soweit die Geschichte derselben reicht, hat sich keine Begebenheit zugetragen, die in Ansehung des Schicksals dieser Wissenschaft hätte entscheidender werden können, als der Angriff, den David Hume auf dieselbe machte." Aber, wie schon gesagt worden, Hume erhellt ·auch durch seine Gedanken und Fragen den Weg zu einer neuen Begründung der Metaphysik.

„Er brachte zwar kein Licht in diese Art von Erkenntniss, aber er schlug doch einen Funken, bei dem man wohl ein Licht hätte anzünden können... Ich gestehe frei, die Erinnerung des David Hume war aber dasjenige, was mir vor vielen Jahren zuerst den dogmatischen Schlummer unterbrach und meinen Untersuchungen im Felde der speculativen Philosophie eine ganz andere Richtung gab... Wenn man von einem gegründeten obzwar nicht ausgeführten Gedanken anfängt, den uns ein anderer hinterlassen, so kann man wohl hoffen, es bei fortgesetztem Nachdenken weiter zu bringen, als der scharfsinnige Mann kam, dem man den ersten Funken dieses Lichtes zu verdanken hatte."

„Ich versuchte also zuerst, ob sich nicht Humes Einwurf allgemein vorstellen liesse, und fand bald, dass der

Begriff der Verknüpfung von Ursache und Wirkung bei
weitem nicht der einzige sei, durch den Verstand a priori
sich Verknüpfungen der Dinge denkt, vielmehr dass Metaphysik ganz und gar daraus bestehe." (Kant, Prolegomena,
Kirchmannsche Ausg., pag. 7.)

Auf diese Weise geschah es, dass die Prozesse und
Mittel des Erkenntnissvermögens, deren jeder unbefangen
bisher sich bedient hatte, selbst einer Untersuchung unterworfen wurden.

Eine eingehendere Vergleichung der Versuche beider
Männer, diese Aufgabe zu lösen, wird aber zeigen, wie es
nicht bloss der Zweifel Humes an der Gewissheit des
Prinzipes der Causalität oder, wie Hume sagt, der Beziehung
von Ursache und Wirkung war, durch den Kant angeregt
wurde, sondern wie es noch mehr die Ansichten waren, die
Hume über die Mathematik und Naturwissenschaften aussprach; Ansichten, zu deren Anerkennung und Erweiterung
Kant durch die Geschichte dieser Wissenschaften bewogen
wurde, denn diese beiden Wissenschaften bestätigten das,
was Hume gedacht, und entsprachen vollkommen den neuen
Ideen Kants.

Die Mathematik hat den Vortheil für sich, dass sie
seit den frühesten Zeiten, wohin die Geschichte der menschlichen Vernunft reicht, in dem bewundernswürdigen Volke
der Griechen den sichern Gang einer Wissenschaft gegangen
ist, während die Naturwissenschaften zwar spät, aber dennoch
sicher den Heeresweg der Wissenschaft getroffen haben.
(Kant. Kritik der reinen Vernunft, Kirchmannsche
Ausg., pag. 24.)

Warum aber gelang es der Mathematik so frühe den
sichern Weg der Wissenschaft zu finden? Auch Hume giebt
Antwort auf diese Frage.

„Alle Gegenstände des menschlichen Denkens und
Forschens," so hatte er geurtheilt, „zerfallen von Natur in

zwei Klassen, nämlich in Beziehungen der Vorstellungen und in Thatsachen. Zur ersten Klasse gehören die Wissenschaften der Geometrie, Algebra und Arithmetik; mit einem Worte: jeder Satz von anschaulicher und zu beweisender Gewissheit. Dass das Quadrat der Hypotenuse gleich ist den Quadraten der beiden Seiten, ist ein Satz, welcher die Beziehung zwischen diesen Figuren ausdrückt... Sätze dieser Klasse können durch die reine Thätigkeit des Denkens entdeckt werden, ohne von irgend einem Dasein in der Welt abhängig zu sein. Wenn es auch niemals einen Kreis oder ein Dreieck in der Natur gegeben hätte, so würden doch die von Euklid dargelegten Wahrheiten für immer Gewissheit und Beweisskraft behalten." (Hume. Eine Untersuchung in Betreff des menschlichen Verstandes. Abth. IV, 1. Uebers. von Kirchmann.)

Weiter sagt er dann von der Mathematik: „Jeder Theil der angewendeten Mathematik setzt für die Wirksamkeit der Natur gewisse Gesetze als giltig voraus, und das reine Denken hilft nur der Erfahrung bei Auffindung dieser Gesetze oder bei Bestimmung ihres Einflusses in einzelnen Fällen, wo dieser von einer genauen Bestimmung oder Grösse abhängt." (Hume l. c. IV, 1.)

Mit diesen Worten beantwortet Hume jene Frage; die Sätze der Mathematik können durch die eigene Thätigkeit des Denkens entdeckt werden; sie stammen nicht aus der Erfahrung. Auch die andere Frage, weshalb es der Naturwissenschaft gelungen, den sichern Weg der Wissenschaft zu finden, beantwortet er schon dahin, dass die Mathematik für die Wirksamkeit der Natur gewisse Sätze voraussetze, und deutet an, dass durch die Hülfe des reinen Denkens die Erfahrung geleitet werde und von ihm Gewissheit erlange. Diese Gedanken, dass die Mathematik dem reinen Denken angehöre, dass sie die Erfahrung leite und bestimme, sind beide in die Kritik der reinen Vernunft übergegangen, ja der letztere von beiden enthält, so unvollkommen er in seiner Kürze ist, die Lösung der kantischen Untersuchung.

Indem Hume die Gewissheit der Mathematik a priori anerkannte, wich er von Locke ab, dessen Prinzip der Verneinung angeborener Ideen er anerkannt hatte, und öffnete den Weg zur Lösung des Problems der Erkenntniss.

Das reine Denken ist sich selbst gewiss; diesen Satz musste der Skeptiker anerkennen; wenn es sich selbst gewiss ist, so muss es sich auch verstehen und erkennen lernen, so muss es seine Selbsterkenntniss versuchen, um seinen Werth für die Erfahrung festzustellen, so argumentirte Kant. Ein Gebiet auf dem es sich selbst gewiss ist, ist das der Mathematik; in ihr denkt die Vernunft a priori.

Wenn nun in der Mathematik der Verstand a priori denkt, so kann dies auch auf dem Gebiete möglich sein, auf welchem er die Leitung übernommen hat, nämlich auf dem der Naturwissenschaften. Dass dies richtig war, bestätigte die Geschichte der Wissenschaft durch Erfahrung.

„Sie (die Naturforscher),“ sagt Kant, „begriffen, dass die Vernunft nur das einsieht, was sie selbst nach ihrem Entwurfe hervorbringt, dass sie mit Prinzipien ihrer Urtheile nach beständigen Gesetzen vorangehen und die Natur nöthigen müsse, auf ihre Fragen zu antworten, nicht aber sich gleichsam am Leitbande gängeln lassen müsse; denn sonst hängen zufällige, nach keinem vorher entworfenen Plane gemachte Beobachtungen gar nicht in einem nothwendigen Gesetze zusammen, welches doch die Vernunft sucht und bedarf.“ (Kant. Kritik der reinen Vernunft. Kirchm. Ausg., pag. 25.)

Aus diesen Gedanken, Vermuthungen und Bestätigungen derselben entwickelt sich in Kant zuletzt der Gedanke, dass in der Erkenntnisslehre derselbe Standpunkt einzunehmen sei, den Kopernikus einnahm, als er die Lehre von der Bewegung der Himmelskörper ausbildete. Wie Kopernikus einen Standpunkt einnahm, der dem der früheren Astronomen entgegengesetzt war, so that es auch Kant, nachdem Locke und noch mehr Hume den alten untergraben hatten.

„Bisher nahm man an, alle unsere Erkenntniss müsse sich nach den Gegenständen richten; aber alle Versuche über sie a priori etwas durch Begriffe auszumachen, wodurch unsere Erkenntnisse erweitert würden, gingen unter dieser Voraussetzung zu nichte. Man versuche es daher einmal, ob wir nicht in den Aufgaben der Metaphysik besser fortkommen, dass wir annehmen, die Gegenstände müssen sich nach unserem Erkenntniss richten, welches so schon besser mit der verlangten Möglichkeit einer Erkenntniss derselben a priori zusammenstimmt, die über Gegenstände, ehe sie uns gegeben werden, etwas festsetzen soll. Es ist hiermit ebenso, als mit den ersten Gedanken des Kopernikus bewandt, der, nachdem es mit der Erklärung der Himmelsbewegungen nicht gut fort wollte, wenn er annahm, das ganze Sternenheer drehe sich um den Zuschauer, versuchte, ob es nicht besser gelingen möchte, wenn er den Zuschauer sich drehen und dagegen die Sterne in Ruhe liesse. In der Metaphysik kann man nun, was die Anschauung der Gegenstände betrifft, es auf ähnliche Weise versuchen." (Kant. Kritik der rein. Vernunft. Kirchmann'sche Ausg., pag. 27. f.

Mit diesen Worten schildert Kant selbst, wie sich bei ihm die Lösung des gestellten Problems entwickelt hat. Die Anregung dazu, so gesteht er ein, ist von Hume ausgegangen.

I.

In welchem Verhältniss zu diesem steht nun Kant? und wie ist ihm die Lösung des Problems gelungen?

Wenn Hume nicht umhin kann, von der Mathematik anzuerkennen, dass sie eine Wissenschaft a priori sei und ihren Urtheilen Nothwendigkeit zukomme, so nimmt er diese

Thatsache einfach als gegeben an, ohne ihre Begründung zu versuchen. Kant dagegen sucht diese von Hume anerkannte Gewissheit zu begründen und die Gültigkeit der Urtheile der Mathematik für die Erfahrung zu beweisen. Zu diesem Zwecke stellt er seinem Standpunkte gemäss eine andere Lehre vom Raum auf, als Locke und Hume besassen. Wie in diesem Punkte Kant zu Hume sich verhält, so verhält er sich auch in andern zu demselben; er adoptirt die an sich richtigen Beobachtungen Humes, sucht und findet aber die Ursachen derselben.

Im Ganzen kommt Hume über die empirische Subjectivität der Erkenntniss nicht hinaus, sondern im Gegentheil, indem er consequent nach dem Gedanken, dass mit Ausnahme der Mathematik in den Eindrücken der Sinne nicht bloss der Ursprung aller Vorstellungen, sondern auch der Gesetze, dieselben zu verbinden, zu suchen sei, vernichtet er jede Möglichkeit objectiver Erkenntniss. Anders Kant.

Dieser sucht von denselben Grundlagen die Möglichkeit objectiver Erkenntnisse darzuthun, denn auch er macht zur Grundlage aller Erkenntniss die Erfahrung.

Hume hatte die schon erwähnten Sätze, welche Locke aufgestellt hatte, dass die Vorstellungen nur Abbilder sinnlicher Eindrücke seien, dass aller Stoff des Denkens von äusserer und innerer Wahrnehmung abzuleiten sei, angenommen. „All die schöpferische Kraft der Seele ist nichts weiter, als die Fähigkeit, den durch die Sinne und die Erfahrung gewonnenen Stoff zu verbinden, umzustellen, zu vermehren und zu vermindern." (Hume. Eine Untersuchung. Abth. III.)

Die drei Gesetze der Gedankenverbindung seien „Aehnlichkeit, Berührung im Raum und Zeit und die Ursachlichkeit." (Hume. l. c.)

Diese Gedanken hat Kant, wenn auch mit einiger Einschränkung, zu den seinigen gemacht. Hören wir seine

Worte: Dass alle unsere Erkenntniss mit der Erfahrung anfange, daran ist gar kein Zweifel; denn wodurch sollte das Erkenntnissvermögen sonst zur Ausübung erweckt werden, geschähe es nicht durch Gegenstände, die unsere Sinne rühren und theils von selbst Vorstellungen bewirken, theils unsere Verstandsfähigkeit in Bewegung bringen, diese zu vergleichen, sie zu verknüpfen oder zu trennen, und so den rohen Stoff sinnlicher Eindrücke zu einer Erkenntniss der Gegenstände zu verarbeiten, die Erfahrung heisst?" (Kant. Kritik der r. V., Einleitung.)

Es giebt also, und Hume hatte dies anerkannt, gewisse Erkenntnisse, deren wir uns zwar durch Erfahrung bewusst werden, die wir aber nicht aus der Erfahrung herleiten können.

Während jedoch Hume sagt, die Seele verknüpfe die Abbilder, die ihr durch die äussere und innere Wahrnehmung zugeführt würden, geht Kant einen Schritt weiter, indem er die Sinnlichkeit selbst einer Untersuchung unterwirft, sie in eine reine und empirische zerlegt und beider Verhältniss zu einander betrachtet. Der reinen Sinnlichkeit, die er auch Anschauung nennt, legt er die Formen Raum und Zeit bei. Nach Lockes Vorgang behält er die Eintheilung der Sinnlichkeit in eine äussere und innere bei; auf beide vertheilt er sodann Raum und Zeit in der Weise, dass er den Raum die Form des äusseren, die Zeit die Form des inneren Sinnes nennt. Aber während Locke nur gelehrt hatte, dass Raum und Dauer durch jene beiden Seiten der Sinnlichkeit empfunden würden, machte Kant sie zu Formen der Sinnlichkeit a priori, d. h. er lehrt im Gegensatz zu Locke, dass beide nicht aus der Empfindung stammen.

Hier tritt nun Kant nicht bloss in einen Gegensatz zu Hume, sondern noch mehr zu Locke; denn von Hume ist dieser Theil der Erkenntnisslehre, soweit er von Locke vorgetragen worden war, nicht weiter ausgeführt, sondern nur durch einige allerdings schwerwiegende Einwürfe kritisirt worden. Da jedoch Kant die Lehre von der Sinnlichkeit von Neuem einer Untersuchung unterworfen hat, so ist es nöthig, auf Locke näher einzugehen, um so mehr als nicht nur Hume und Kant, sondern auch Berkeley seine Lehren theils bezweifelt und umgestaltet, theils eigenthümlich weiter gebildet haben.

Lockes Lehre ist bekanntlich folgende:

Die Quellen aller Erfahrung sind die Eindrücke, welche aus äusserer und innerer Wahrnehmung stammen. (Locke. Versuch über den menschl. Verst.; Buch II, Cap. I, § 20. Uebers. v. Kirchmann.)

Mit dieser Grundlehre war aber eine bedeutende Schwierigkeit verknüpft, die Locke sehr wohl erkannte und durch eine geistreiche Antwort zu heben suchte. Diese Schwierigkeit nemlich ist diejenige, darzuthun, wie objective Erkenntniss möglich ist, da alle Eindrücke nur subjectiv sind. Locke suchte diese Schwierigkeit dadurch zu beseitigen, dass er an den Gegenständen primäre und secundäre Qualitäten unterschied; zu den primären Qualitäten rechnet er diejenigen, welche von dem körperlichen Gegenstande untrennbar seien, gleichviel in welchem Zustande er sich befinde, und nennt als solche: Dichtheit, Ausdehnung, Gestalt, Zahl und Bewegung. „Diese Eigenschaften der Körper nenne ich die ursprünglichen oder die ersten, und man bemerkt, dass sie einfache Vorstellungen in uns wie Dichtheit, Ausdehnung, Gestalt und Bewegung oder Reihe und Zahl hervorbringen. ... Zweitens giebt es Eigenschaften, welche in Wahrheit in den Gegenständen selbst nichts sind, als Kräfte, welche verschiedene Empfindungen in uns durch ihre ursprünglichen Eigenschaften hervorbringen. Wenn sie z. B. durch die Masse, Gestalt, das Gewebe und die Bewegung ihrer unsichtbaren Theilchen Farben, Töne, Geschmäcke u. s w. hervorbringen, so nenne ich diese zweite Eigenschaften."

(Locke. Versuch; Buch II, Cap. 8, § 9 u. 10. Uebers.
v. Kirchmann.)

Dass er mit dieser Trennung der Qualitäten in primäre
und secundäre die Frage: Wie ist unter solchen Bedingungen,
da subjective Eindrücke die Basis bilden, objective Erkenntniss, das heisst hier der primären Qualitäten möglich? nicht
beantwortete, sondern ihre Lösung nur hinausschob hat
Locke selbst gefühlt; doch beruft er sich nur auf sein
Prinzip, dass die Seele einem Stück weisses Papiers gleich
sei: „Da keine Vorstellungen, sich in der Seele zeigen, ehe
die Sinne solche eingeführt haben, so verstehe ich, wie die
Vorstellungen des Verstandes gleichzeitig sind mit den
Sinneswahrnehmungen." (Locke. V. B. II, Cap. 1, § 23.
Uebers. v. Kirchmann.)

Dies sind die Grundzüge der Locke schen Lehre. Die
schon angedeutete Schwierigkeit, die in derselben liegt, zu
lösen, haben, wenn auch vergeblich, zwei Männer versucht,
nemlich Berkeley, indem er die Gedanken Lockes zum
materialen Idealismus dogmatisch weiter bildete, und Hume, indem er die Erkenntniss der primären Qualitäten vermittelst
der secundären bezweifelte.

Wenn Eindrücke unserer Sinne, der äusseren und des
innern, die Quellen unserer Vorstellungen sind, so entsteht
die Frage, die schon oben aufgeworfen wurde, ob diese
Eindrücke nur aus subjectiven Empfindungen stammen oder
ob sie auch objectiv sind, d. h. ob sie nur Erregungen der
Sinne sind, denen kein äusserer Gegenstand adäquat ist,
oder ob ihnen ausserhalb unserer Sinne Gegenstände ent-
sprechen und mit ihnen übereinstimmen, so dass der Verstand objective Urtheile über sie bilden kann.

Diese Schwierigkeiten zu meiden zog Berkeley die
Consequenzen aus Lockes Gedanken. Wenn Locke (l. c.)
sagt: „da keine Vorstellungen sich in der Seele zeigen, ehe
die Sinne solche eingeführt haben, so verstehe ich, wie die

Vorstellungen des Verstandes gleichzeitig sind mit den Sinneswahrnehmungen," so gestattet Berkeley den Dingen eine Existenz, nur so weit sie empfunden werden.

„Da nun beobachtet wird, dass einige von diesen Empfindungen (die jeder der einzelnen Sinne liefert) einander begleiten, so geschieht es, dass sie mit einem Namen bezeichnet und in Folge hiervon als ein Ding betrachtet werden. Ist z. B. beobachtet worden, dass eine gewisse Farbe, Geschmacksempfindung, Gestalt und Geruchsempfindung und Festigkeit vereint auftreten, so werden sie für ein bestimmtes Ding gehalten, welches durch den Namen Apfel bezeichnet wird. Andere Gruppen von Ideen bilden einen Stein, einen Baum, ein Buch und ähnliche sinnliche Dinge, die, je nachdem sie gefallen oder missfallen, die Gefühle des Hasses, der Freude, des Kummers u. s. w. hervorrufen." Indem Berkeley dann diesen Gedanken weiter entwickelt, fährt er fort: „Durch diese Worte bezeichne ich nicht irgend eine meiner Ideen, sondern ein von ihnen allen ganz verschiedenes Ding, worin sie existiren, oder, was das nämliche ist, wodurch sie percipirt werden," und gelangt dann zu dem Ausspruche: „Sage ich, der Tisch, an dem ich schreibe, existirt, so heisst das: ich sehe und fühle ihn; wäre ich ausserhalb meiner Studierstube, so könnte ich die Existenz desselben in dem Sinne aussagen, dass ich, wenn ich in meiner Studierstube wäre, denselben percipiren könnte, oder dass irgend ein anderer Geist denselben gegenwärtig percipire... Das Sein solcher Dinge ist percipirt werden." (Berkeley. Abhandl. über die Prinzipien der menschlichen Erkenntniss I., Uebers. v. Kirchmann.)

Zu diesem einseitig consequenten materialen Idealismus bildete Berkeley Lockes Lehre aus, allerdings mehr mit einer Absicht, die aus religiösen Ursachen entstand, als mit wirklicher Nothwendigkeit des Gedankens, da die Annahme, dass sinnliche Eindrücke die Grundlage der Erkenntniss seien, die Frage veranlassen musste, wie verbindet der Verstand sinnliche Eindrücke zu einer objectiven Erkenntniss? oder wie ist es möglich, vermittelst der secundären Qualitäten die primären zu erkennen? Der Ruhm, diese Frage gestellt zu haben, gebührt Hume.

Die äussere und innere Wahrnehmung sind die einzigen Quellen unserer Vorstellungen und Erkenntnisse, hatte Locke behauptet. Diese Ansicht macht auch Hume zu der seinigen, jedoch mit der Einschränkung, dass er (Hume, l. c., IV, 1) die Mathematik ausnimmt, von deren Sätzen er sagt, dass sie durch das reine Denken gefunden werden können, und dass er bezweifelt, dass die primären Qualitäten durch die secundären, die mit den sinnlichen Eindrücken identisch sind, erkannt werden können. „Kein Gegenstand," sagt Hume, „entdeckt durch die Eigenschaften, welche den Sinnen sich bieten, die Ursachen, welche ihn hervorgebracht haben, und die Wirkungen, welche aus ihm entstehen werden, und unsere Vernunft kann ohne Hilfe der Erfahrung keinen Schluss auf das wirkliche Dasein und auf Thatsachen machen." (Hume. Eine Untersuchung... IV, 1.)

Durch diese Behauptung, die durch eine Untersuchung der Beziehung von Ursache und Wirkung begründet wird, wurde die Erkenntnisslehre in ihren Grundlagen erschüttert. Da nahm Kant diese Untersuchung wiederum auf und suchte Rettung zu bringen. Dies gelang ihm, indem er die Humesche Ansicht über die Mathematik gänzlich auf den Raum und die Causalität ausdehnte; in derselben Weise verfuhr er mit der Zeit und den übrigen primären Qualitäten Lockes, soweit sie vermittelst Raum, Zeit und Causalität zu construiren sind. Er verlegte sie einfach aus den Objecten in das erkennende Subject, so dass sie aus Qualitäten der Dinge Formen des Denkens wurden. Mit dieser That vollzog Kant seine Revolution auf dem Gebiete der Erkentniss. (Vergl. Schopenhauer. Welt als Wille u. V., II. Band, I. Buch, 2. Cap.)

Den Weg zu dieser grossartigen Umwälzung hat Hume
gezeigt, wie eben angedeutet ist, durch sein Urtheil über
die Mathematik und besonders durch die Betonung des
alten Gedankens, dass der Mensch durch eine unbedacht-
same Verwechselung den Dingen Eigenschaften beilegt, die
er nur aus seinem Denken nimmt.

Nachdem aber Kant das Verhältniss des Subjects zum
Object umgedreht hatte, erhob sich die Frage, wie kommt
das Subject dazu, Dinge zu erkennen? oder wie ist Erfahrung von äusseren Dingen möglich? Diese Fragen sind
identisch mit der Kantischen: „Wie sind synthetische Urtheile a priori möglich? d. h. in wiefern kann ein Urtheil,
das im reinen Denken entstanden ist, oder überhaupt vom
erkennenden Subject herrührt, objective Gültigkeit haben?
Durch die Beantwortung dieser Kardinalfrage wird, wie es
nach dem schon oben erklärten Verhältniss Humes zu
Kant nicht anders sein kann, auch die Frage beantwortet:
„Wie kann die Geometrie der Erfahrung den Weg zeigen?“

Wie wichtig diese Fragen für Kant waren, zeigt der
Stolz, mit dem er sich seiner Unterscheidung der analytischen und synthetischen Urtheile rühmte. Und in der
That ist die Beantwortung dieser Fragen die Aufgabe der
Kritik der reinen Vernunft. „Die eigentliche Aufgabe der
reinen Vernunft ist nun in der Frage enthalten: Wie sind
synthetische Urtheile a priori möglich?... In der Auflösung
obiger Aufgabe ist zugleich die Möglichkeit des reinen Ver-
nunftgebrauchs in Gründung und Ausführung aller Wissenschaften, die eine theoretische Erkenntniss a priori von
Gegenständen enthalten, mit begriffen, d. i. die Beantwortung
der Fragen:

1. Wie ist reine Mathematik möglich?
2. Wie ist reine Naturwissenschaft möglich?
3. Wie ist Metaphysik als Wissenschaft möglich?“

Von welcher Beschaffenheit sind nun synthetische Urtheile?

Kant erklärt synthetische Urtheile für solche Urtheile, die zu dem Begriffe eines Subjects ein Prädikat hinzuthun, welches in jenem garnicht gedacht war und durch keine Zergliederung desselben hätte aus demselben können herausgezogen werden, während analytische Urtheile solche sind, die zu dem Begriffe des Subjects kein Prädikat hinzuthun, das nicht in demselben schon vorher gedacht sei, und nun durch Zergliederung desselben in seine Theilbegriffe herausgezogen werden könne. Die analytischen Urtheile werden von ihm Erläuterungs-, die synthetischen dagegen Erweiterungsurtheile genannt; die letzteren bilden das Gebiet der Erfahrung; „denn Erfahrungsurtheile sind sämmtlich synthetisch." (Kant. Krit. d. r. Ver. Einl.)

Durch die Aenderung des Verhältnisses zwischen Subject und Object und durch Beantwortung der Fragen nach der möglichen Brauchbarkeit solcher Urtheile für die Erfahrung, die vermittelst der Formen des Denkens a priori von Gegenständen gebildet worden sind, — denn dieser Art sind eigentlich die synthetischen Urtheile Kants a priori, — hoffte Kant die Erkenntnisslehre neu zu begründen, und sowohl die Folgerungen, die Berkeley aus der Lehre Lockes gezogen, als auch die Zweifel, die Hume gegen dieselbe hegte, unmöglich zu machen. Dass Kant die Angriffe Humes zurückweisen wollte, beweist die Kritik der reinen Vernunft, dass er den materialen Idealismus Berkeleys aufheben wollte, das geht hervor aus seiner deutlichen Erklärung, die sich in den Prolegomenen findet, und aus der besondern Kritik des materialen Idealismus in der Kritik der reinen Vernunft. Es geschieht zwar noch manchmal, dass Kant für einen Vertreter des Idealismus Berkeleys gehalten wird; und dies kann sehr leicht geschehen, zumal wenn man, wie z. B. v. Hartmann es thut, sich nicht nach Kants ausdrücklichen Worten richten will, sondern nach einer vorgefassten Meinung Kant

dasjenige sagen lässt, was man gern widerlegen möchte.
(Vergl. v. Hartmann. Transsc. Ideal. pag. VII f.)

Sollten nun aber die Skepsis Humes und der Idealismus Berkeleys unmöglich gemacht werden, so musste von vornherein der Theil unseres Erkenntnissvermögens, der von äusseren Gegenständen Eindrücke empfängt, d. h. die Sinnlichkeit betrachtet werden. Aus diesem Bedürfniss entstand die transscendentale Aesthetik. Wie sehr auch Locke geirrt haben mochte, so hat er doch Kant in manchen Stücken, vorgearbeitet, indem er die Unterscheidung zwischen primären und secundären Qualitäten aufstellte, indem er ferner anregende Gedanken über Raum und Zeit aussprach. Die primären Qualitäten machte Kant zu Denkformen, die secundären liess er im Bereiche der Sinne, als deren specifische Empfindungen er sie ansah, stellte aber noch eine besondere Gattung von Erkenntnissformen auf, die die Empfindungen räumlich und zeitlich ordnen.

Locke hatte von der Zeit gelehrt, dass sie durch den innern Sinn, von dem Raume dagegen, dass er von mehreren Sinnen zugleich und äusserlich wahrgenommen werde, ein Gedanke, der von der Psychologie mit Begierde ergriffen und weitergebildet worden ist. (Locke. Vers. B. II, Cap. 5.)

Hier zeigt sich nun aber der bedeutende Unterschied zwischen Locke und Kant. Während Locke beide Formen den Dingen zukommen lässt, muss Kant, entsprechend seinem Grundgedanken, dieselben den Dingen absprechen und in das Erkenntnissvermögen selbst verlegen; es kommen danach Raum und Zeit nicht den Dingen an sich *) zu, sondern nur den Erscheinungen derselben, d. h. den Dingen, wie wir sie nach unseren Empfindungs- und Denkformen aufnehmen und verknüpfen.

*) Anmerkung. Allgemein wird der Ausdruck des Dinges an sich dahin verstanden, dass es etwas von der Subjectivität des Erkennenden oder Sprechenden Unabhängiges oder Aeusseres bedeuten

Nachdem also Kant die Anschauungs- und Erkenntnissformen den Dingen genommen und in das erkennende
Subject verlegt hatte, so ergab sich unter Fortwirkung der
Unterscheidung primärer und secundärer Qualitäten eine
Trennung des Erkenntnissvermögens in Verstand und Sinnlichkeit, d. h. in die beiden Vermögen, deren eines fähig
soll. Diese Auffassung wird durch das oft gehörte Verlangen veran-
schaulicht, die Dinge zu nehmen wie sie sind, nicht wie sie von
diesem oder jenem Standpunkte aus erscheinen oder betrachtet werden.
Diese Auffassung entspricht jedoch nicht dem Gedanken Kants.
Kant will nicht sagen, dass durch die Subjectivität der Auffassung
des Einzelnen die Erkenntniss der Dinge gefälscht werde, — er müsste
denn sagen wollen, wenn er Dinge an sich und Erscheinungen
unterscheidet, dass die gesammte Menschheit durch ihre Mittel der
Erkenntniss die Auffassung fälsche, — sondern er will sagen, dass
unser Erkenntnissvermögen keine andere Erkenntniss zulasse, denn
die uns umgebende Welt wird uns nur durch unsere Sinne bekannt,
erscheint uns also nur in den Formen unserer Sinne und unseres
Denkens und nimmt demnach **für uns** ihre formale Ordnung **von uns**
selbst an, hat aber keineswegs auch ihr Sein von uns, wie Berkeley
behauptet. Was aber Kant selbst unter Ding an sich verstanden
hat, geht hervor aus einer Stelle in den metaphysischen Anfangs-
gründen der Naturwissenschaften. (Kirchmannsche Ausgabe.
S. 194, 195.) „Ich habe anderwärts gezeigt, dass, da sich dieser
Unterschied zwar in der Anschauung geben, aber garnicht auf deut-
liche Begriffe bringen, mithin nicht verständlich erklären (dari, non
intelligi) lässt, er einen guten bestätigenden Beweisgrund zu dem
Satze abgebe, dass der Raum überhaupt nicht zu den Eigenschaften
oder Verhältnissen der Dinge an sich selbt, die sich nothwendig auf
objective Begriffe müssten bringen lassen, sondern bloss zu der subjectiven Form unserer sinnlichen Anschauung von Dingen oder Verhältnissen, die uns nach dem, was sie an sich sein mögen, völlig unbekannt bleiben, gehöre. Doch dies ist eine Abweichung von unserem
jetzigen Geschäfte, in welchem wir den Raum ganz nothwendig als
Eigenschaft der Dinge, die wir in Betracht ziehen, nämlich körper-
licher Wesen, behandeln müssen, weil diese selbst nur Erscheinungen
äusserer Sinne sind und nur als solche hier erklärt zu werden
bedürfen."
Schwertbohnen und Hopfen, so hatte er kurz vorher angeführt,
beschreiben Windungen, die einander entgegengesetzt sind. Aber
weshalb? Diese Ursache, diese den Sinnen verborgene, nicht hervor-
tretende Eigenschaft der Dinge ist es, was Kant unter Ding an

ist, Eindrücke von äusseren Dingen zu empfangen, deren
anderes, dieselben zu verknüpfen und zu Objecten der Erkenntniss zu gestalten.

Diese Trennung war aber ferner für ihn um so nöthiger,
weil besonders die Fähigkeit und Brauchbarkeit der Sinne
zur Erkenntniss festgestellt werden musste; es war besonders
die Frage zu beantworten, ob in ihnen nur rein subjective
Vorstellungen vorhanden wären, deren Beziehung zu den
Gegenständen zweifelhaft bliebe, oder ob sie eine objective
Erkenntniss vermitteln und synthetische Urtheile a priori
zulassen würden. Immer und immer trat der Satz Humes
hervor, dass kein Gegenstand durch die Eindrücke, die den
Sinnen sich bieten, die Ursachen entdecke, die ihn hervorgebracht haben; immer und immer kehrte der Zweifel
wieder, wie können Vorstellungen mit einander verknüpft

sich verstanden haben will. Wenn auch der Botaniker dieses verschiedene Verhalten beider Schlingpflanzen durch die verschiedene
mechanische Lagerung der Atome zu erklären sucht, so wird immer
die Frage wieder unbeantwortet sein, warum lagern sich die Atome
bei der einen Pflanze so, bei der andern anders? In diesem verschiedenen Verhalten liegt das Ansich der Pflanzen verborgen.

Die verschiedenen Windungen der beiden genannten Pflanzen
sind Erscheinungen, die räumlich wahrgenommen werden und empirisch
objectiv sind; „denn in diesem Falle gilt das, was ursprünglich selbst
nur Erscheinung ist, z. B. eine Rose im empirischen Verstande für
ein Ding an sich selbst, welches doch jedem Auge in Ansehung der
Farbe anders erscheinen kann.“ (Kant. Krit. d. r. Ver. Transsc.
Aesth., S. 80.)

Der Ursprung dieser Art von Unterscheidung in Dinge an sich
und Erscheinungen ist aus der Lockeschen Lehre hervorgegangen
und von Hume schon aufgestellt worden. „Die Erscheinungen
wechseln fortwährend in der Welt, und eines folgt dem andern in
ununterbrochener Reihe; aber die Macht oder Kraft, welche die ganze
Maschine bewegt, ist uns völlig verborgen **und zeigt sich in keiner
wahrnehmbaren Eigenschaft der Körper.“** (Hume. l. c. VII, 1. u. a.)
Durch Kant hat dieselbe eine tiefere Bedeutung erhalten, denn sie
gründet sich bei ihm auf eine gründliche Untersuchung der Erkenntnissformen, während sie bei Hume nur erst wie eine geistreiche Be-
merkung auftritt. —

werden? und woher haben wir die Gewissheit, dass sie auch objectiv verknüpft sind?

Diese Schwierigkeit zu beseitigen gab Anleitung Lockes Lehre von dem innern und den äussern Sinnen.

Wie schon erwähnt ist, hatte Locke zwei Quellen unserer Erkenntniss angenommen, eine äussere und eine innere Wahrnehmung; beide sollen auf Empfindung beruhen, jene auf denen der äusseren Sinne, diese auf denen des inneren Sinnes. „Unser Beobachten, entweder der äusseren wahrnehmbaren Dinge oder der inneren Vorgänge in unserer Seele, ist es, was den Verstand mit dem Stoff zum Denken versieht. ... Mit diesem Zuführen meine ich, dass die Sinne von äusseren Gegenständen das der Seele zuführen, was die Vorstellung in ihnen hervorbringt. ... Diese Quelle von Vorstellungen hat jeder ganz in sich selbst, und obgleich hier von keinem Sinn gesprochen werden kann, da sie mit äusserlichen Gegenständen nichts zu thun hat, so ist sie doch den Sinnen sehr ähnlich und könnte ganz richtig innerer Sinn genannt werden." (Locke. Vers. Buch II, C. 1, 5.)

Diesen beiden Quellen der Vorstellungen waren die beiden Formen Raum und Zeit zugewiesen, d. h. nach Locke sollte der Raum durch die äusseren, die Zeit durch den inneren Sinn erkennbar sein, da nach ihm beide den Dingen zukommen. „Die von mehr als einem Sinn erlangten Vorstellungen sind die des Raumes oder der Ausdehnung ..." und weiter: „man kann die Vorstellungen von Ausdehnung, Gestalt, Bewegung und Ruhe der Körper sowohl durch Sehen, wie durch Fühlen empfangen und zur Seele führen. ... Dass unser Begriff der Dauer und Folge diesen Ursprung hat, d. h. aus der Selbstwahrnehmung des Zuges der Gedanken kommt." (Locke. Vers. Buch II, C. 5 u. C. 14.)

Diese Unterscheidung der Sinnlichkeit in eine äussere und innere adoptirte Kant; er verfuhr dann aber consequent, indem er Raum und Zeit gleich den Kategorien den Dingen nahm und dem erkennenden Subject vindicirte; jedoch verlegte er dieselben nicht mit den Kategorien in den reinen Verstand, sondern liess sie den Sinnen, indem er sie zu Formen einer reinen Sinnlichkeit, d. h. der Sinnlichkeit, soweit sie ohne empirische Empfindungen ist, umschuf und sie Formen der reinen Anschauung nannte. Auch in diesem Falle, besonders soweit es den Raum anbelangt, folgte er in einer Beziehung dem Vorgange Humes, der die Sätze der Mathematik anschauliche genannt hatte. Doch darf nicht vergessen werden, dass allerdings die Andeutung Hume gehört, Kant jedoch der grössere Ruhm der Begründung und Ausführung dieses Gedankens gebührt.

Raum und Zeit gehören also den Sinnen an; sie bilden das System der reinen Sinnlichkeit, d. h. sie gehen aller Erfahrung durch Empfindung vorher und machen die Erfahrung möglich, indem in ihnen die verschiedenen inneren und äusseren Empfindungen unterschieden und geordnet werden können.

Die Lehre von der Wahrnehmung durch die äusseren Sinne hatte Berkeley illusorisch gemacht durch die Worte: „Ist z. B. beobachtet worden, dass eine gewisse Farbe, Geschmacksempfindung, Geruchsempfindung, Gestalt und Festigkeit vereint auftreten, so werden sie für ein bestimmtes Ding gehalten, welches durch den Namen Apfel bezeichnet wird. (Andere Gruppen bilden einen Stein, einen Baum, ein Buch und ähnliche sinnliche Dinge, die je nachdem sie gefallen oder missfallen, die Gefühle des Hasses, der Freude, des Kummers u. s. w. hervorrufen.)" (Berkeley. l. c.)

Was bewirkt aber, so lässt sich gegen Berkeley einwenden, dass wir die Empfindungen der verschiedenen Sinne ordnen und zu einer Gruppe vereinigen können? Das bewirkt die Anschauung des Raumes, die als reine Anschauung in mehreren Sinnen zugleich ist. (Vergl. Henle. Anthropol. Vortr. Glaube u. Materialismus.) Auf diese Weise ist es möglich, den rohen Stoff der sinnlichen Empfindungen zu ordnen; durch die Anschauung des Raumes ferner ist es allein möglich, Empfindungen auf äussere Gegenstände zu beziehen und a priori über sie, die als Erscheinungen in den Sinnen sich darstellen, synthetisch zu urtheilen; wie es in derselben Weise möglich ist, die Sätze der Geometrie in der Anschauung empirisch darzustellen. „Es giebt aber auch ausser dem Raum keine andere subjective und auf etwas Aeusseres bezogene Vorstellung, die a priori objectiv heissen könnte. Denn man kann von keiner derselben synthetische Sätze a priori, wie von der Anschauung im Raume herleiten; daher ihnen genau zu reden keine Idealität zukommt, ob sie gleich darin mit der Vorstellung des Raumes übereinkommen, dass sie bloss zur subjectiven Beschaffenheit der Sinnesart gehören, z. B. des Gesichts, Gehörs, Gefühls, durch die Empfindungen der Farben, Töne und Wärme, die aber, weil sie bloss Empfindungen und nicht Anschauungen sind, an sich kein Object, am wenigsten a priori erkennen lassen." (Kant. Krit. d. r. V. Kirchm. Ausg. S. 79.) „Die Qualität der Empfindung ist jederzeit bloss empirisch und kann a priori nicht vorgestellt werden." (Kant. l. c., S. 196.)

Diese und die entsprechenden Worte der ersten Auflage, an deren Stelle die obigen in der zweiten Auflage getreten sind, sind gleichsam direct gegen Berkeley geschrieben; noch mehr aber sind sie gegen diejenigen geschrieben, die zwischen dem transscendentalen oder formalen Idealismus Kants und dem materialen Berkeleys keinen Unterschied machen können. Zwischen beiden besteht aber ein bedeutender Unterschied. Während Berkeley, wie auch Locke und Hume, den Raum und die Farbenempfindungen nicht trennten, unterscheidet Kant sehr sorgfältig und bestimmt zwischen der reinen Anschauung des Raumes a priori und der empirischen Empfindung von Farben, Tönen u. s. w.

Ebenfalls falsch über Kant urtheilt einer der gründlichsten Kenner der Kantischen Philosophie, der leider zu früh verstorbene Autor der Geschichte des Materialismus, Fried. Alb. Lange. Lange macht zwar Kant nicht, wie E. v. Hartmann, den Vorwurf, dass er Berkeley nicht überwunden habe, aber er vermischt wiederum, was Kant sorgfältig auseinander gehalten hatte. Lange verbindet nehmlich Kants Gedanken dadurch, dass er zwar ganz richtig behauptet, auch die Sinne gehörten zu den subjectiven Bedingungen des Erkennens und gingen also der Erfahrung vorher, besonders ihre specifischen Eigenschaften, besondere Qualitäten zu empfinden, aber er übersieht, dass Kant zwischen den sogenannten Sinnesqualitäten und den Formen der reinen Anschauung a priori wohl unterschieden hat. Die Empfindungen des Geschmacks sind subjectiv, aber empirisch und nicht transscendental; auch die besondere Fähigkeit des Auges Farben, oder des Ohres Töne zu empfinden, ist subjectiv, aber nicht transscendental oder formal; denn die Fähigkeiten der Sinne gestatten nicht die Bildung allgemeiner und nothwendiger Urtheile a priori. Diesen Empfindungen, obwohl sie anerkannt subjectiv sind, wie Farben, Tönen u. s. w. spricht demnach Kant die transscendentale Idealität gänzlich ab, lässt sie aber dem Raume, dem er aber zugleich die Objectivität oder Realität zuertheilt, die er jenen ebenfalls abspricht. „Der Wohlgeschmack eines Weines gehört nicht zu den objectiven Bestimmungen des Weines, mithin eines Objects als Erscheinung betrachtet, sondern zu der besonderen Beschaffenheit des Sinnes an dem Subjecte, was ihn geniesst . . . daher diese subjective Bedingung aller äusseren Anschauung mit keiner andern kann verglichen werden." (Kant. Krit. d. r. Ver., Kirchm. Ausg. pag. 79. Anmerk.)

Es besteht demnach ein Unterschied zwischen der empirischen Realität des Wohlgeschmacks des Weines, falls

es erlaubt ist mit Lange den Empfindungen der Sinne
empirische Realität zu ertheilen, und der empirischen Realität des Raumes; während jene doch nur subjectiv ist, ist
diese objectiv.

Daraus nun, dass Raum und Zeit a priori in der Sinnlichkeit vorhanden sind, folgen die Bestimmungen derselben,
welche das System der transscendentalen Aesthetik aus-
machen. Dieselben sind theils gegen Locke und Hume,
theils gegen andere Philosophen, wie Leibnitz, gerichtet.
Der erste Satz der transscendentalen Aesthetik: „Der Raum
ist kein empirischer Begriff, der von äusseren Erfahrungen
abgezogen worden", ist gegen Locke und Hume gerichtet,
die durch Erfahrung den Begriff des Raumes erworben
werden liessen; derselbe drückt sich daher verneinend aus.
Der folgende Satz dagegen, spricht die Ansicht Kants, wie
sie sein Standpunkt ihm eingiebt, positiv aus: „Der Raum
ist eine nothwendige Vorstellung a priori, die allen äusseren
Anschauungen zu Grunde liegt."

Der dritte Satz: „Der Raum ist kein discursiver oder,
wie man sagt, allgemeiner Begriff von Verhältnissen der
Dinge überhaupt, sondern eine reine Anschauung", verwahrt
sich gegen die Folgerung, die in Folge des veränderten
Standpunktes gezogen werden könnte, dass der Raum gleich
den Kategorien seinen Sitz im Verstande haben könne, und
spricht, den zweiten ergänzend, weiter positiv aus, wie der
Raum ist: „Er ist wesentlich einig, das Mannichfaltige in
ihm, mithin auch der allgemeine Begriff von Räumen überhaupt, beruht lediglich auf Einschränkungen. Hieraus folgt,
dass in Ansehung seiner eine Anschauung a priori (die nicht
empirisch ist), allen Begriffen von demselben zu Grunde
liegt."

Der vierte Satz ist abermals gegen Locke gerichtet,
der die Unendlichkeit von Raum und Zeit durch Häufung
von endlichen Massen beweisen wollte. „Wenn man die

4

Vorstellung eines Fusses hat, kann man sie verdoppeln und
so die eine Vorstellung von zwei Fuss gewinnen, und durch
Hinzufügung eines dritten Fusses die von drei Fuss, ohne
dass man durch dieses Hinzufügen zu Ende kommt." (Locke.
Versuch. II. Buch, Cap. 17.) Kant dagegen sagt: „Der
Raum wird als eine unendliche gegebene Grösse vorgestellt,"
und deckt in den Antinomien die Widersprüche auf, die
erfolgen würden, sobald man den Raum als objectiv angesehen würde, oder sobald man es unternehmen würde, mit
dem endlichen Masse das Unendliche messen zu wollen.
Doch fordert die Billigkeit, dass hier angemerkt werde, wie
auch Locke schon ähnliches sich gedacht haben mag, als
er sagte: „indess möchte ich bei dieser Gelegenheit doch
sagen, dass wir uns vorstellen können, dass der Raum selbst
unendlich ist; die Vorstellung vom Raume oder der Aus-
spannung leitet darauf hin." (Locke. Versuch. II. Buch,
Cap. 17.) Doch ist bei diesen Worten zu betonen, dass
Locke den Raum für objectiv und nicht für reine Anschauung hält. Auf diesen Bestimmungen des Raumes beruht die Gewissheit und Anwendung der Geometrie auf Erfahrung. „Die Sätze der Mathematik sind von anschaulicher
und zu beweisender Gewissheit," sagt Hume. (l. c. IV, 1.)

„Geometrie ist eine Wissenschaft, welche die Eigenschaften des Raumes synthetisch und doch a priori
bestimmt.

Was muss die Vorstellung des Raumes denn sein, da-
mit eine solche Erkenntniss von ihm möglich sei? Er muss
ursprünglich Anschauung sein; denn aus einem blossen Begriffe lassen sich keine Sätze, die über den Begriff hinausgehen ziehen, welches doch in der Geometrie geschieht.
Aber diese Anschauung muss a priori, d. i. vor aller Wahrnehmung eines Gegenstandes, in uns angetroffen werden,
mithin reine nicht empirische Anschauung sein. Denn die
geometrischen Sätze sind insgesammt apodiktisch, d. h. mit

dem Bewusstsein der Nothwendigkeit*) verbunden, z. B. der Raum hat drei Abmessungen." So Kant. (Kr. d. r. Ver., Transsc. Aesth.) Der Raum ist also eine nothwendige, d. h. dem Denken gewisse Anschauung; ebenso nothwendig sind alle synthetischen Sätze aus demselben, welche von der Geometrie behandelt werden. „Denn die geometrischen Sätze sind insgesammt apodictisch, d. i. mit dem Bewusstsein der Nothwendigkeit verbunden, z. B. der Raum hat nur drei Abmessungen." Nach diesen Erörterungen ist der Raum, nach Kants Ausdruck, transscendental ideal und empirisch real, d. h. objectiv gültig, soweit uns äusserlich irgend ein Gegenstand vorkommen kann, und transscendental als formale Beschaffenheit der Sinnlichkeit eines erkennenden Subjects.

Durch diese Bestimmungen endlich lassen sich die Humeschen Sätze begründen, dass die Sätze der Mathematik gewiss sind und die Erfahrung möglich machen; ebenso lässt sich der Einwand Ueberwegs gegen die trans-

---

*) Anmerkung. „Mit dem Bewusstsein der Nothwendigkeit verknüpft," sagt Kant, und deutet an, dass der Begriff der Nothwendigkeit, wie alle Verstandesbegriffe, subjectiven Ursprungs ist. Die Nothwendigkeit erscheint in seinem Systeme unter den Postulaten des empirischen Denkens; sie ist demnach eine Forderung, die der Verstand an jede Erfahrung stellt, um sich befriedigt fühlen zu können. Daher geschieht es sehr leicht, dass in Folge einer Subreption Erkenntnissen Nothwendigkeit beigelegt wird, denen sie nicht zukommt, besonders in solchen Fällen, in denen die Gewohnheit als subjective Nöthigung einwirkt, während doch nur das nothwendig genannt werden kann, das allgemein gültig ist. Da aber die Nothwendigkeit nicht aus der Erfahrung, (denn Erfahrung kann nicht nothwendige Erkenntnisse liefern,) sondern aus dem reinen Verstande stammt, so hat Kant allen reinen Erkenntnissformen, da sie der Erfahrung vorhergehen, Nothwendigkeit d. h. unzweifelhafte Gewissheit beigelegt; sie sind eben so gewiss und nothwendig, wie das Ich denke, das alle unsere Vorstellungen begleitet, denn sie stammen aus unserem Denken. „Der Begriff aber, **der eine Nothwendigkeit der synthetischen Einheit bei sich führt, kann nur ein reiner Verstandesbegriff sein**, der nicht in der Wahrnehmung liegt." (K. l. c. 3, 208. 213.)

scendentale Idealität als bedeutungslos zurückweisen, da die
Objectivität, die er auf Grund des Gesetzes der Attraction
dem Raum vindicirt, nur Kants empirische Realität desselben ist; denn der Raum kommt den Gegenständen der
Erfahrung überall und stets zu, soweit sie mit Hülfe der
räumlichen Anschauung a priori Objecte der Erkenntniss
werden. Objecte der Erkenntniss können sie aber nur
werden unter den Bedingungen der reinen Anschauung des
Raumes und stehen daher unter den Sätzen der Geometrie,
welche die Erfahrung leitet.

II.

Aber nicht bloss auf Vorstellungen bezieht sich nach
Humes Unterscheidung unser Denken, sondern auch auf
Thatsachen.

„Thatsachen", so spricht er, „der zweite Gegenstand
der menschlichen Erkenntniss, werden nicht in der Weise
festgestellt, und unsere Ueberzeugung von ihrer Wahrheit
ist zwar gross, aber doch nicht von derselben Art, wie bei
der ersten. Es ist deshalb von wissenschaftlichem Interesse,
die Natur der Gewissheit zu untersuchen, welche uns von
der wirklichen Existenz und von Thatsachen überzeugt, soweit sie über das gegenwärtige Zeugniss unserer Sinne oder
die Angaben unseres Gedächtnisses hinausgeht.

Alles Schliessen in Bezug auf Thatsachen scheint sich
auf die Beziehung von Ursache und Wirkung zu gründen.
Nur durch diese Beziehung allein kann man über das Zeugniss unseres Gedächtnisses und unserer Sinne hinauskommen...
Alle unsere Folgerungen in Bezug auf Thatsachen sind von
derselben Beschaffenheit; es wird hier beständig vorausgesetzt, dass zwischen der gegenwärtigen Thatsache und der
auf sie gestützten eine Verknüpfung besteht. Bände sie
nichts zusammen, so wäre der Schluss ganz willkürlich. ...

Untersucht man alle anderen Schlüsse dieser Art, so wird man finden, dass sie sich auf die Beziehung von Ursache und Wirkung stützen."

„Will man daher in Bezug auf die Natur der Gewissheit über Thatsachen etwas befriedigendes erreichen, so muss man untersuchen, wie man zur Kenntniss von der Ursache und Wirkung gelangt.... Ich wage es als einen allgemeinen und ausnahmslosen Satz hinzustellen, dass die Kenntniss dieser Beziehung in keinem Falle durch **ein Denken a priori** erreicht wird, sondern dass sie lediglich aus der Erfahrung stammt, wenn sich ergiebt, dass einzelne Gegenstände beständig mit einander verbunden sind.

Kein Gegenstand entdeckt durch die Eigenschaften, welche den Sinnen sich bieten, die Ursachen, welche ihn hervorgebracht haben, und die Wirkungen, welche aus ihm entstehen werden, und unsere Vernunft kann ohne Hilfe der Erfahrung keinen Schluss auf das wirkliche Dasein von Thatsachen machen. Wenn ein Gegenstand uns gebracht wird," so fährt er fort, „und wir sollen die von ihm ausgehende Wirkung angeben, ohne frühere Beobachtung zu Rathe zu ziehen, so frage ich, wie soll die Seele hierbei verfahren? Die Seele kann unmöglich die Wirkung in diesem Falle ausfindig machen, selbst bei der genauesten Untersuchung und Prüfung. Denn die Wirkung ist von der Ursache ganz verschieden." (Hume. Eine Untersuchung in Betreff des menschlichen Verstandes. Uebers. v. Kirchmann. IV, 1.)

Nachdem also Hume* nach dem Beispiele seiner Vorgänger angeborene Ideen, zu denen die Ursachlichkeit gehören würde, verworfen hatte, verfuhr er darin sehr consequent, dass er zweifelte, ob diese Beziehung durch Erfahrung würde erkannt werden; denn, so lautet sein Einwurf gegen **Locke**, kein Gegenstand offenbart durch die Eigenschaften, die sich den Sinnen bieten, die Ursachen, die ihn

hervorgebracht haben, noch die Wirkungen, die er hervorbringen wird. Aber so scharfsinnig er auch denkt, so unbefangen und vorurtheilsfrei er urtheilt, so steht er doch
unter dem Banne der alten Metaphysik, welche die primären
Qualitäten Lockes den Dingen an sich zukommen liess,
und verfällt in Folge dessen in den Irrthum, die Ursache
mit der Kraft zu indentificiren. Dieser Irrthum ist von den
verderblichsten Folgen für alle seine Untersuchungen gewesen; er allein ist es gewesen, der den scharfsinnigen
Mann gehindert hat, die richtige Lösung zu finden. Schon
der Ausdruck Causalität und die Folgerung, dass sie stets
und in allen Fällen verschiedene Thatsachen mit einander
verbinden soll, hätten ihm zeigen müssen, dass die Erfahrung von dem, wenn auch wiederholten, Zusammentreffen
einer Kraft mit einer Wirkung nicht die allgemeine und
nothwendige Ursachlichkeit erzeugen kann, durch welche
Thatsachen mit einander als Ursache und Wirkung verknüpft werden sollen. Noch mehr hätten ihn auf eine
richtige Lösung seine Urtheile über die Mathematik führen
müssen. „Jeder Theil der reinen Mathematik setzt für die
Wirksamkeit der Natur gewisse Gesetze als giltig voraus
und das reine Denken hilft nur der Erfahrung bei der
Auffindung dieser Gesetze." (Hume. l. c. IV. 1.)

Denn wie der Raum für die Erscheinungen Gesetze
voraussetzt, ebenso thut dies die Causalität, da sie, wie
Hume selbst sie definirt, nur sagt, dass wenn das erste
Ding nicht gewesen wäre, das zweite niemals hätte entstehen können, oder ein Gegenstand ist, dem ein anderer
folgt, und dessen Eintritt immer die Gedanken auf diesen
andern führt. (Hume, l. c. VII, 2.) Selbst Kant definirt
die Causalität nicht anders: „so ist es ein unentbehrliches
Gesetz der empirischen Vorstellung der Zeitreihe, dass die
Erscheinungen der vergangenen Zeit jedes Dasein in der folgenden bestimmen." (Kant. Kr. d. r. Ver., Kirchm. Ausg., S. 215.)

So war Hume also selbst nahe daran, der Ursachlichkeit die materiale Bedeutung zu nehmen und ihr die nur
formale zu geben. Dass dies nicht geschah, daran hinderte
ihn der oben erwähnte Irrthum und sein Vorurtheil gegen
angeborene Ideen; denn dies zwang ihn trotz der oft richtigen Ahnung des Wahren, den Dingen die primären Qualitäten zu belassen; denn wenn die Vernunft keinen Begriff
von der Verknüpfung der Ursache und Wirkung a priori
haben darf, von dem sie einen formalen Gebrauch machen
könnte, so müssen Ursache und Wirkung in den Dingen
liegen. Aber wie sollen sie als solche erkannt werden?
Mit welchem Recht können wir zwei Thatsachen als Ursache und Wirkung betrachten und mit einander verknüpfen?
Da beide ganz verschieden von einander sind und die Beziehung der Aehnlichkeit auf sie also nicht anwendbar ist,
so zwingt keine Nothwendigkeit, beide mit einander zu verknüpfen, so dass jede einzelne Verbindung zweier Thatsachen als Ursache und Wirkung nur von der Willkür abhängig ist. In der That gelangt Hume zu dem Urtheil
eine solche Verbindung für willkürlich zu halten. „So wie
bei allen Naturvorgängen die erste Vorstellung oder Erfindung einer bestimmten Wirkung ohne Rückfrage bei
einer Erfahrung willkürlich bleibt, so gilt dasselbe für das
angenommene Band oder die Verknüpfung zwischen Ursache
und Wirkung, welche sie zusammenbindet und es unmöglich
macht, dass eine andere Wirkung aus der Wirksamkeit
dieser Ursache hervorgehen kann.... Kurz jede Wirkung
ist von ihrer Ursache verschieden; sie kann deshalb in
dieser nicht gefunden werden, und jede Erfindung oder
Vorstellung derselben a priori muss völlig willkürlich bleiben.
Und selbst wenn die Wirkung gekannt ist, bleibt die Verbindung ihrer mit der Ursache gleich willkürlich, weil es
eine Menge anderer Wirkungen giebt, welche dem Verstande
ebenso möglich und denkbar erscheinen." (Hume, l. c., IV, 1.)

Wenn er aber nach diesen Worten fortfährt: „Es ist deshalb vergeblich, wenn man meint, ohne Hilfe der Beobachtung und Erfahrung irgend eine Wirkung bestimmen und eine Ursache oder Folge ableiten zu können," so spricht er einen richtigen Gedanken aus, der aber auf die Erforschung der Gewissheit der Causalität keinen Einfluss haben kann, wie auch Kant darthut: „Wie nun überhaupt etwas verändert werden könne, wie es möglich sei, dass auf einen Zustand in einem Zeitpunkte ein entgegengesetzter im andern folgen könne, davon haben wir a priori nicht den mindesten Begriff. Hiezu wird die Erkenntniss wirklicher Kräfte erfordert, welche nur empirisch gegeben werden kann." (Kant. l. c. S. 220, 221.)

Ebenso hat er dann in den folgenden Worten die Aufgabe und Thätigkeit der Vernunft in der Bildung immer höherer Begriffe durch die Erfahrung richtig erklärt, wenn ihm auch nicht möglich war, was Kant gelang, weshalb der menschlichen Wissbegierde die Erkenntniss der letzten Prinzipien oder allgemeinsten Ursachen verschlossen sei, zu erklären. Darum schliesst er seine Ausführung mit der Resignation des Skeptikers, dem es gelungen ist, unsere allgemeine Unwissenheit und Unfähigkeit aufzudecken, was wir wünschen, zu erkennen, während Kant das Gebiet der Erkenntniss eröffnet und der Vernunft darthut, dass ihre Mittel vollkommen ausreichen, ihren Wissensdrang zu befriedigen, wenn sie von denselben nur den richtigen Gebrauch machen wolle. „Alles was anerkanntermassen die Vernunft vermag, ist, die für die einzelnen Erfahrungen geltenden Regeln auf eine grössere Einfachheit zurückzuführen und die vielen besonderen Wirkungen aus wenigen allgemeinen Ursachen abzuleiten, und zwar mit Hilfe der Analogie, Erfahrung und Beobachtung. . . . Die letzten Kräfte und Prinzipien sind der menschlichen Wissbegierde und Forschung gänzlich verschlossen. Elasticität, Schwere,

Zusammenhang der Theile, Mittheilung der Bewegung durch
Stoss sind vielleicht die letzten Ursachen und Prinzipien,
die man in der Natur entdecken kann, und man muss sich
glücklich schätzen, wenn durch sorgfältige Untersuchung
und Ueberlegung die besonderen Erscheinungen sich bis auf
diese allgemeinen Prinzipien oder bis nahe zu ihnen zurück-
führen lassen. Die vollkommenste Philosophie der Natur
schiebt nur unsere Unwissenheit ein Wenig weiter zurück,
und ebenso dient vielleicht die vollkommenste Metaphysik
und Moralphilosophie nur dazu, grössere Stücke von unserer
Unwissenheit bloss zu legen." (Hume. l. c., IV, 1.)

„Ins Innere der Natur dringt Beobachtung und Zergliederung der Erscheinungen, und man kann nicht wissen,
wie weit dieses mit der Zeit gehen werde. Jene transscendentale Fragen aber, die über die Natur hinausgehen, würden
wir bei allem dem doch niemals beantworten können, wenn
uns auch die ganze Natur aufgedeckt wäre u. s. f." (Kant.
Kritik der rein. Vernunft. Amphibolie d Refl., p. 280,
Ausg. Kirchmann.)

Nachdem Hume in obiger Weise ganz richtig dargethan
hat, dass bei dem Anblick eines Gegenstandes oder einer
Ursache die Wirkung a priori nicht erdacht werden könne,
auch bei dem blossen Beobachten desselben das von ihm
unterschiedene Ding nicht vorhergesagt werden könne, betrachtet er die Frage nach der Quelle der Ursachlichkeit
von einer anderen Seite.

Auf die Frage: „Was ist die Grundlage aller Beweise
und Schlüsse aus dieser Beziehungsform?" giebt er die Antwort: „die Erfahrung" Dann aber fragt er weiter in seiner
„sichtenden" Stimmung: „Was ist die Grundlage von allen
Schlüssen aus Erfahrung?" und fährt alsdann fort: „Ich
sage, dass, selbst nachdem man die Erfahrung von der
Wirksamkeit der Ursachen und Wirkungen gewonnen hat,
die Schlüsse aus diesen Erfahrungen sich nicht auf

Vernunft oder einen Vorgang innerhalb des Denkens stützen." (Hume. l. c., IV, 2.)

Nach diesen Worten geht er dann näher auf die Erfahrung ein und sucht den Werth der Schlüsse aus derselben festzustellen. Während er vorher verneint hatte, dass bei der Beobachtung eines Gegenstandes der Begriff von Ursache und Wirkung erlangt werden könne, untersucht er die Frage, ob nicht auf Grund mehrerer oder vieler einzelner Beobachtungen dieser Begriff würde gewonnen werden können, dass die Vernunft a priori auf die Wirkung schliessen könne. Trotzdem die Natur von ihren Geheimnissen uns fern halte, indem sie uns nur die Kenntniss einiger äusserer Eigenschaften durch unsere Sinne verstatte, die Kräfte und Prinzipien aber, von denen die Wirkungen abhingen, verberge, so setze man bei Wahrnehmung gleicher Eigenschaften immer die gleichen verborgenen Kräfte voraus, und erwarte dann mit Gewissheit Wirkungen, die den wahrgenommenen glichen. Dies geschähe allgemein, obwohl zugestanden würde, dass die Verbindung zwischen den sinnlichen Eigenschaften und den geheimen Kräften unbekannt sei, und daher die Seele keine Veranlassung haben könnte, eine regelmässige Verbindung anzunehmen. Obwohl die Seele also kein Recht habe, so schliesse sie dennoch in der angegebenen Weise. Es bestehe also hier ein Vorgang in der Seele, der einer Erklärung bedürfe.

„Die zwei Sätze sind durchaus nicht dieselben: Ich habe gefunden, dass dieses Ding immer mit diesen Wirkungen verbunden gewesen ist; und: Ich sehe voraus, dass andere scheinbar ähnliche Dinge mit scheinbar ähnlichen Wirkungen verbunden sein werden." (Hume. l. c., IV, 2.)

Ganz richtig trennt Hume beide Sätze; er giebt auch zu, dass der zweite aus dem ersten könne abgeleitet werden und in der That auf dem Wege der Induction abgeleitet

wird, verwirft aber die Annahme, dass diese Ableitung aus
Gründen geschähe, da die Verbindung beider Sätze nicht
anschaulicher Art sei wie in der Mathematik.

Hier sei ein Mittel nothwendig, welches die Seele zur
Ziehung dieses Schlusses befähige. „Nun ich gestehe es,
dieses Mittel übersteigt meinen Verstand." (Hume. 1. c.,
IV, 2.) Die Induction also gewährt ihm nicht die Gewissheit, um mit Nothwendigkeit a priori schliessen zu können.
Wollte man ferner sich auf den regelmässigen Gang der
Natur berufen, so könnten wir uns sehr leicht vorstellen,
dass der Lauf der Natur wechsele, und es läge gar kein
Widerspruch in der Annahme, dass ein Ding, welches an-
scheinend einem früheren wahrgenommenen gleiche, mit
andern oder entgegengesetzten Wirkungen verbunden sei.
„Nun enthält aber das, was man verstehen und deutlich
vorstellen kann, keinen Widerspruch und kann niemals
a priori durch einen Beweis oder eine begriffliche Folgerung
widerlegt werden."

Nachdem er auf diese Weise. alle Möglichkeiten, die
Verknüpfung der Ursache und Wirkung aus der Erfahrung
abzuleiten, für ungenügend befunden hat, so nimmt er
seine Zuflucht zu einer andern Beziehungsform, nemlich der
Aehnlichkeit, die er als Grundlage der Schlüsse nach der
Verknüpfung von Ursache und Wirkung annimmt. „Von
ähnlichen Ursachen erwartet man ähnliche Wirkungen.
Darauf laufen alle Erfahrungsbeweise hinaus. Stützte sich
nun dieser Schluss auf die Vernunft, so müsste er bei dem
ersten Male und für einen Fall ebenso vollkommen gelten,
als nach einer langen Reihe von Einzelfällen; aber dies ist
durchaus nicht so. . . . Nur nach einer langen Reihe gleichförmiger Vorgänge irgend einer Art erreichen wir in Beziehung auf einen bestimmten Fall Gewissheit und Vertrauen.
Wo ist nun das Verfahren der Vernunft. welches von einem
Fall einen ganz andern Schluss zieht als von hundert

Fällen, die in keiner Weise von jenem einzelnen unterschieden sind.... Die Erfahrung zeigt uns bloss eine An-
zahl gleichförmiger Wirkungen von gleichen Dingen und
lehrt uns, dass diese einzelnen Dinge in diesen einzelnen
Fällen mit dieser Kraft ausgerüstet waren. Kommt ein
neues Ding mit gleichen sinnlichen Eigenschaften, so erwartet man die gleiche Kraft und gleiche Wirkung.... Ein
solcher Schritt, ein solches Verfahren der Seele bedarf aber
sicherlich der Erklärung. Wenn Jemand sagt: Ich habe in
allen früheren Fällen solche sinnliche Eigenschaften mit
solchen verborgenen Kräften verbunden gefunden, und wenn
Jemand sagt: Gleiche sinnliche Eigenschaften werden immer
mit gleichen verborgenen Kräften verbunden sein, so sagt
er nicht dasselbe, und beide Sätze sind nicht identisch.
Man erwidert: Der eine ist von dem andern abgeleitet;
aber man muss entgegnen, dass diese Ableitung nicht wahrgenommen und nicht bewiesen werden kann. Welcher Art
ist sie also? Nennt man die Erfahrung, so ist dies keine
Lösung. Denn alle Erfahrungsbeweise ruhen auf der Grundlage, dass das Kommende dem Vergangenen gleichen werde,
und dass gleiche Kräfte mit gleichen sinnlichen Eigenschaften verbunden sein werden. Entsteht ein Verdacht,
dass der Lauf der Natur sich ändere, und dass das Ver-
gangene keine Regel für das Kommende sein werde, so wird
alle Erfahrung nutzlos und dient zu keiner Folgerung oder
Ableitung. Keine Erfahrung kann deshalb diese Gleichheit
zwischen Kommendem und Vergangenem beweisen; denn
alle Gründe stützen sich auf die Annahme dieser Gleichheit."
(Hume. l. c., IV, 2.)

In dieser eigenthümlichen Weise bekämpft Hume
weiter den Satz, dass der Begriff der Verknüpfung nach
Ursache und Wirkung ein Vernunftbegriff sei, und sucht
seine Gegenbehauptung zu beweisen, dass er aus der Erfahrung stamme. Aber als ein vorsichtiger Kritiker vermag

er in der Erfahrung die mit der Ursache gedachte Nothwendigkeit nicht zu entdecken; die einzige Grundlage, die
diesen Begriff noch stützen könnte, ist die Annahme der
Gleichheit zwischen Kommendem und Vergangenem, aber
diese Gleichheit ist auch nur vorausgesetzt und nicht bewiesen. Die Folge seiner Untersuchungen ist die, dass er
selbst den Boden, aus dem sein Prinzip erwachsen soll, als
unfruchtbar hinstellt. Und dies ist kein Wunder. Ver-
wechselt er doch stets Kraft mit dem Verstandesbegriff
Ursache, und sucht in der Erfahrung mehr als sie bieten
kann, wie er selbst von ihr beweist. Daher sieht er sich
genöthigt nach einer anderen Quelle zu suchen. „Wird die
Seele nicht durch Gründe zu diesem Schritt bestimmt, so
muss es durch ein anderes Prinzip von gleichem Gewicht
und Ansehen geschehen, und dieses Prinzip wird seinen
Einfluss bewahren, so lange die menschliche Natur sich
nicht ändert." (Hume. l. c., V, 1.)

Die Erfahrung also, das ist das Resultat, kann der
Seele die Verknüpfung von Ursache und Wirkung nicht ge-
währen, statt ihrer soll dies ein anderes Prinzip leisten,
das unveränderlich ist, wie die menschliche Natur.

Welches Prinzip ist nun dieses? Ehe wir jedoch auf
dieses neue Prinzip eingehen, scheint es nothwendig eine
andere Frage zu erörtern. Wenn dies gesuchte Prinzip nicht
aus den Eigenschaften der Körper, die den äusseren Sinnen
sich bieten, ableitbar ist, so könnte es von einem innern
Vorgange herrühren, denn die innere Wahrnehmung ist auch
eine Quelle der Vorstellungen. Auch diese Eventualität hat
Hume bedacht und an dieselbe eine Untersuchung
geknüpft.

Wenn er bisher nur von einer Verknüpfung der Ursache
und Wirkung gesprochen hatte, obwohl er, im Grunde genommen, an eine nothwendige Verknüpfung gedacht hatte,
so tritt jetzt sein Bestreben, den Ursprung einer nothwendigen

Verknüpfung zu suchen, immer mehr hervor. Da er sie
aus den äusseren Eindrücken der Sinne nicht abzuleiten
vermochte, so könnte sie von einer inneren Wahrnehmung
herrühren. „denn die Seele hat keine Empfindung oder
innern Eindruck von der Folge der äusseren Gegenstände,"
und „da zeigte sich keine Eigenschaft, welche die Wirkung
an die Ursache bände und die eine zur untrüglichen Folge
der andern machte."

„Die Metaphysik hat keine dunkleren und unsicherern
Begriffe, wie die der Macht, der Kraft, der Wirksamkeit
oder nothwendigen Verknüpfung, von denen man bei
jeder Untersuchung fortwährend Gebrauch machen muss."
(Hume. l. c., VII, 1.)

Nachdem Hume dann wiederum seinen Grundsatz, dass
unsere Begriffe, auch der Beziehungen, nur Abbilder unserer
Eindrücke seien, die wir innerlich oder äusserlich wahrgenommen hätten, in Erinnerung gebracht hat, ein Zeichen
vielleicht, dass er selbst an demselben innerlich zweifelte,
sucht er den innern Eindruck zu entdecken, der dem Begriffe der Macht oder nothwendigen Verknüpfung zu
Grunde liegt.

Da aber dieser Begriff, wie er nachzuweisen gesucht
hat, weder der Seele a priori bekannt ist, noch von der
Betrachtung der Körper in den einzelnen Fällen ihrer Wirksamkeit abgeleitet werden konnte, — „denn kein Körper
zeigt eine Kraft, welche das Urbild zu diesem Begriff ab-
geben könnte," — „so muss man sehen, ob dieser Begriff
seinen Ursprung nicht in einer Selbstbetrachtung der
eigenen Seele hat und also das Abbild eines inneren Ein-
druckes ist. Man kann behaupten, dass man jederzeit einer
innern Kraft sich bewusst ist, weil man bemerkt, dass man
durch das einfache Verlangen des Willens die Glieder des
Körpers bewegen und die Vermögen der Seele leiten kann...
Diese Vorstellung ist deshalb eine durch Selbstbetrachtung

gewonnene Vorstellung; sie entspringt aus der Betrachtung der Seelenthätigkeit und des Einflusses, welchen der Wille über die Glieder des Körpers und die Vermögen der Seele ausübt." (Hume l. c., VII, 1.)

Aber auch hier genügen die ersten Eindrücke nicht, um den verlangten Begriff kennen zu lernen, sondern erst aus der Erfahrung können wir den Einfluss unseres Willens kennen lernen. „Nur aus der Erfahrung lernen wir den Einfluss unseres Willens kennen, und nur die Erfahrung lehrt uns, welches Ereigniss beständig einem andern folgt, aber ohne uns über die geheime Verknüpfung, die sie an einander bindet und untrennbar macht, zu belehren." (Hume. l. c., VII, 1.)

Aber diese Erfahrung in Folge innerer Eindrücke ist ebensowenig zuverlässig, wie die aus äusseren Eindrücken abgeleitete, denn die nothwendige Verknüpfung bleibt auch hier unbegreiflich. „Aus allem dem kann man nicht voreilig, sondern mit Gewissheit schliessen, dass unser Begriff der Macht nicht das Abbild einer Empfindung oder Selbstwahrnehmung der Macht ist, wenn wir eine Bewegung unternehmen oder unsere Glieder nach ihrer Einrichtung und Bestimmung gebrauchen. Dass deren Bewegung den Befehlen des Willens folgt, ist ein Gegenstand der gemeinen Erfahrung, wie bei andern natürlichen Vorgängen; aber die Kraft oder Wirksamkeit, wodurch dies geschieht, ist eben so wie bei andern natürlichen Vorgängen unbekannt und unbegreiflich." (Hume. l. c., VII, 1.)

Auch die verschiedensten Eindrücke unserer innern Wahrnehmung sind nicht fähig uns einen Begriff der Kraft oder nothwendigen Verknüpfung zu geben, sondern nur die Erfahrung vermag dies. „Man könnte sagen, dass die Vorstellung der Kraft und Macht, sich aus dem Widerstande bilde, dem man bei Körpern begegne, und der uns nöthige, unsere Kraft anzuwenden und alle unsere Macht aufzubieten."

Aber auch in diesen Eindrücken ist der Ursprung der nothwendigen Verknüpfung nicht zu finden, „obwohl es richtig
ist, dass diese lebendige Anstrengung, die man empfindet,
dem gewöhnlichen und ungenauen Begriff der Kraft ziemlich
entspricht, obgleich sie für den scharfen und genauen Begriff derselben nicht zureicht." (Hume. l. c., VII, 1 Anmerkung.)

Trotz aller Versuche, den Eindruck aufzufinden, dessen
Abbild die nothwendige Verknüpfung ist, sei es aus innern
oder äusseren Wahrnehmungen, gelangt er zu keinem be-
friedigenden Resultate, da ihm das Prinzip gleichsam unter
den Händen wieder verschwindet; unter der Ursachlichkeit
muss er sich stets denselben nothwendigen Begriff denken,
die Erfahrung aber bietet ihm die verschiedensten Kräfte
und Wirksamkeiten dar, von denen ihm keine so bekannt
ist, dass er ihre Folgen a priori bestimmen könnte. „Wir
haben vergeblich nach dem Begriff einer Kraft oder nothwendigen Verbindung in all den Quellen gesucht, aus denen
sie möglicherweise abfliessen könnte. Es erhellt, dass wir
bei den einzelnen körperlichen Vorgängen, auch selbst bei
der grössten Genauigkeit, nur die Folge des einen auf das
andere wahrnehmen; aber keine Kraft oder Macht erfassen,
durch welche die Ursache wirkt, und kein Band zwischen
ihr und der angenommenen Wirkung." Eben so wenig
Klarheit gewinnen wir aus der Betrachtung der Wirksamkeit
der Seele auf den eigenen Körper, und die Gewalt des
Willens über seine eigenen Vermögen oder Gedanken ist
nicht um ein Haar begreiflicher. „Die Ereignisse scheinen
verbunden aber nie verknüpft. Aus allem scheint nothwendig zu folgen, dass wir überhaupt keinen Begriff von
Verknüpfung oder Kraft haben." (Hume. l. c., VII, 2.)

Mit diesem resignirten Gedanken beschliesst Hume die
Versuche, die Ursachlichkeit aus der Erfahrung auf Grund
der Beobachtung und Vergleichung einzelner und der

Summirung vieler Fälle abzuleiten; mit diesem Gedanken muss er sie beschliessen, weil die Induction nicht fähig ist, allgemeingiltige und nothwendig gewisse Resultate zu erzielen, weil ferner sein Standpunkt überhaupt ihn hindert, die wahre Begründung zu erforschen. Denn, wie er selbst sagt, kein Ding entdeckt durch die Eigenschaften, die den Sinnen sich bieten, die Ursache, die ihn hervorgebracht u. s. w. Nachdem Hume durch diese Versuche, um mit Kants Worten zu reden, unwidersprechlich bewiesen hatte, dass, abgesehen von der Verneinung angeborener Ideen, das Prinzip der Causalität aus der Erfahrung nicht erschlossen werden könne, so sieht er sich genöthigt, einen andern Ursprung zu suchen. Da weder aus der einzelnen Beobachtung eines Gegenstandes noch aus der mehrerer die nothwendige Verknüpfung vermittelst eines Schlusses zu erzielen ist, da ferner die Causalität der Vernunft a priori nicht innewohnen soll, sondern aus der Erfahrung stammen muss, so bietet die Induction noch einen Ausweg, der, wenn auch nicht eine allgemeine und nothwendige Verknüpfung, so doch eine Art subjectiver Nöthigung herzustellen im Stande ist. Kurz durch sich vielfach wiederholende Eindrücke wird die Seele genöthigt, eine Gewohnheit des Schliessens nach dieser Beziehung anzunehmen. Durch die Gewohnheit rettet Hume diesem Prinzip eine Art von Nothwendigkeit, die in Folge der vielen Eindrücke entsteht, aber keineswegs durch den Verstand erschlossen ist.

Das Prinzip der Causalität fordert aber Nothwendigkeit in der Verknüpfung zweier Thatsachen. Diesen Gedanken hat Hume bei allen Versuchen, seine Aufgabe zu lösen, festgehalten und geltend gemacht und als den Probirstein einer richtigen Lösung angesehen. Aber weder durch eine Thatsache, noch durch mehrere kommt die Seele dazu, diese Erfahrung zu machen, denn entweder gleicht ein Fall dem andern, so dass viele Fälle nicht mehr Werth

haben als einer, oder sie gleichen sich nicht, so ist eine
nothwendige Erkenntniss nicht möglich, da sich denken
lässt, dass ein einziger Fall den vielen beobachteten wider-
sprechen kann und fähig ist, ein gewonnenes Resultat wieder
unsicher zu machen. Aber da in allen Fällen, mögen sie
nun einander gleichen oder unähnlich sein, doch stets das
eine gemeinsame sich wiederholt, dass aus irgend einer
Kraft irgend eine Wirksamkeit hervorgeht, so kehrt derselbe Eindruck, stärker oder schwächer, stets wieder, so
dass die Seele gewöhnt wird, nach der Verknüpfung von
Ursache und Wirkung verschiedene Thatsachen mit einander zu verbinden.

„Dieses Prinzip ist die Gewohnheit oder Uebung. Ueber-
all, wo die Wiederholung einer einzelnen That oder Handlung eine Neigung auf Wiederholung dieser That oder
Handlung erweckt, ohne dass irgend ein Vernunftgrund
dazu bestimmte, nennt man diese Neigung die Wirkung der
Gewohnheit." (Hume l. c., V.)

„Diese Voraussetzung löst allein die Schwierigkeit, weshalb wir von Tausend gleichen Fällen einen Schluss ziehen,
den wir von einem nicht ziehen können, obgleich er in
keiner Beziehung von jenen sich unterscheidet. Die Vernunft ist eines solchen Schwankens nicht fähig. Die Folgerungen, die sie aus der Betrachtung eines Kreises zieht,
sind dieselben, die sie aus der Prüfung aller Kreise der
Welt ziehen würde. Aber kein Mensch, der nur einmal
gesehen hat, wie der Stoss eines Körpers einen andern in
Bewegung gesetzt hat, kann schliessen, dass jeder andere
Körper bei gleichem Stosse sich ebenfalls bewegen werde.
Alle Schlüsse auf Grund der Erfahrung sind deshalb
Wirkungen der Gewohnheit und nicht des Verstandes."

Dass in diesen Worten ein arger Irrthum ausgesprochen
liegt, das hat Hume selbst gefühlt, da er auch die Gewohnheit nicht eigentlich gelten lassen kann. Denn, so darf

wohl gefragt werden, wie kommt es, dass die Seele sich
gewöhnen kann, in der angedeuteten Weise zu schliessen?
Wie kommt es, dass sie den ersten Eindruck einer Verknüpfung verschiedener Thatsachen nach Ursache und
Wirkung, vorausgesetzt, dass sie den Dingen zukämen,
empfangen, bewahren und durch andere verstärkt werden
lassen kann? Und in der That findet er in der menschlichen
Natur die Ursache dieser Erscheinung. Bei der Wichtig-
keit, den die Causalität im menschlichen Leben einnähme,
denn die Gewohnheit nach ihr auf Thatsachen zu schliessen,
sei die grosse Führerin des Lebens, dürfe die menschliche
Natur sich nicht auf die täuschenden Berechnungen des
Verstandes verlassen; aber, so dürfen wir hinzufügen, sie
darf auch nicht abwarten, bis nach Wiederholung von
Tausenden von Eindrücken, die Seele sich gewöhnt hat,
nach der Causalität zu schliessen. Dass die menschliche
Natur dies nicht erst abzuwarten hat, sondern dass sie
gleich bei dem ersten Eindruck nach dieser Beziehung
Thatsachen verknüpft, indem sie die Ursache desselben
sogleich sucht, sobald sie ihn empfangen hat, das weiss
auch Hume. Daher kommt es, dass er nach einem höheren
und früheren Prinzip forscht, das der Gewohnheit vorhergeht und die Möglichkeit ihrer Entstehung erklärt. Als
solches stellt er den Instinct auf.

„Alle diese Vorgänge sind eine Art natürlicher Instinct,
welchen die Ueberlegung oder das Nachdenken des Verstandes weder zu erwecken noch zu hindern vermag."
(Hume. l. c., V, 1.)

Jedoch auch der Instinct genügt ihm nicht, die Entstehung dieser Beziehung und noch weniger ihre Anwend-
barkeit auf die uns umgebende Welt zu erklären. Der
Instinct ist nur subjectiv. Ist sein Urtheil, so fragt es sich,
richtig und hat es objective Wahrheit? Um diese Schwierigkeit zu heben, greift er zu einem letzten Mittel, nämlich zu

dem, zwischen dem Laufe der Naturerscheinungen und dem unserer Vorstellungen eine prästabilirte Harmonie anzunehmen. „Was anderes kann nun in diesem Gebiete eine so starke Vorstellung erzeugen, als ein gegenwärtiger Gegenstand und der gewohnte Uebergang zur Vorstellung eines andern Gegenstandes, welchen man mit dem ersten zu verbinden sich gewöhnt hat. Dies ist der einfache Vorgang in unserer Seele bei allen unseren Schlüssen von Thatsachen und Dasein. Es ist von Werth, einige ähnliche Verhältnisse aufzuzeigen, welche ihn erläutern. Die Gegenwart des Gegenstandes, von dem der Uebergang ausgeht, giebt der zweiten Vorstellung immer die Stärke und Festigkeit. Hier besteht also eine Art **von voraus bestimmter Harmonie zwischen dem Lauf der Natur und der Folge unserer Vorstellungen,** und obgleich die Macht und Kräfte, welche in ersterer herrschen, uns ganz unbekannt sind, so sehen wir doch, dass unsere Gedanken und Vorstellungen denselben Lauf nehmen, wie die Werke der Natur. Gewohnheit ist das Prinzip, welches diese Vorstellung bewirkt... Erweckte nicht die Gegenwart eines Gegenstandes sofort die Vorstellung der mit ihm gewöhnlich verbundenen Dinge, so wäre all unser Wissen auf den engen Kreis des Gedächtnisses und der Wahrnehmung beschränkt." (Hume, l.c, V, 2.)

„So wie die Natur uns den Gebrauch unserer Glieder gelehrt hat, ohne uns die Kenntniss der Muskeln und Nerven, durch die sie erfolgt, zu geben, so **hat sie auch einen Instinct uns eingepflanzt, welcher die Gedanken in derselben Richtung führt, die sie für äussere Gegenstände festgestellt hat.**" (Ebendas.)

Nach allen Zweifeln gelangt Hume endlich zu einem formalen Prinzip, das der Erfahrung vorhergeht und nicht von irgend einem äusseren oder inneren Eindrucke herrührt, sondern nur durch Eindrücke erst erweckt wird.

So Hume.

Welches ist nun das Ergebniss seiner angestrengten Untersuchungen? Dasjenige, dass der Skeptizismus zur Begründung der wichtigsten Beziehung der Vorstellungen ein Prinzip annahm, das im anerkennenden Subject seinen Sitz hat; dass er ferner die Wahrscheinlichkeit einer Uebereinstimmung desselben mit der Welt der Objecte auf die Annahme einer von der Natur vorher gesetzten Gleichheit in dem Ablauf unserer Vorstellungen und der Naturereignisse gründete, ein Relsultat, das von dem Glauben des naiven Realismus an jene Uebereinstimmung nur wenig verschieden ist, denn, wie auch Hume selbst zugesteht, gleich in den ersten Zeiten des Lebens setzt die menschliche Natur dieselbe voraus, nicht fragend, ob sie mit dieser Annahme recht thue.

Worin besteht aber Humes Verdienst? Darin, dass er zuerst die Frage nach der Gewissheit dieser Beziehung stellte; dadurch aber, dass er sie ungenügend beantwortete, bewies er, dass er im Grunde noch an dem festhielt, was er bekämpfte, dass er auch dogmatisch dachte.

Eine befriedigende Lösung dieser Fragen zu suchen, unternahm Kant. Schon oben wurde der engen Beziehung zwischen beiden Männern gedacht und aus Kants eigenen Worten nachgewiesen, dass Hume zwar insofern eine That vollbracht hat, als er eine dringende Frage stellte, dass er aber eine falsche Antwort geben musste, weil er die Frage nicht allgemein genug stellte; denn während er nach der Gewissheit der Causalität fragte, fragte Kant nach der Gewissheit der gesammten Erfahrung.

Ausser in dem Streben, das Kriterium der Gewissheit der Erfahrung zu suchen stimmen beide in mancherlei Gedanken überein. Wie wir gesehen haben, so nimmt Kant mit Hume als die Quelle aller Erkenntniss die Erfahrung an, doch schränkt er diese Annahme insofern ein, als er die Erkenntniss wohl alle durch Erfahrung aber nicht alle aus Erfahrung entstehen lässt; denn es könnte wohl sein, dass unser Erkenntnissvermögen durch äussere Eindrücke erregt über sich selbst Erfahrung erlange und seine Thätigkeit kennen lerne. Aber auch darin unterscheidet sich Kant von Hume, dass er, in seinen Untersuchungen weiter zurückgehend als dieser, die sinnlichen Eindrücke betrachtet und, wie wir oben darzuthun gesucht haben, dieselben unterscheidend zwei Arten von Eindrücken annimmt, solche, die kein Urtheil a priori über die Gegenstände erlauben, und solche, die eines erlauben; jene sind die sogenannten Sinnesqualitäten als Farben u. s. w., dieses die Formen der reinen Sinnlichkeit: Raum und Zeit.

Während Kant auf diese Weise die beibehaltene gemeinsame Grundlage der Erkenntniss umgestaltet, unterscheidet er sich weiter von Hume durch eine völlige Umänderung des Standpunktes, durch die er sich aber auch von der überlieferten Metaphysik unterscheidet; das ist, wie gesagt, dadurch, dass er einen Theil der primären Qualitäten Lockes den Dingen absprach und als Erkenntnissformen in das Subject verlegte. Mit dieser Aenderung wurden, wie wir gesehen, die zu erkennenden Dinge Erscheinungen.

Auch Humes Zweifel hatten schon zum Gegenstande die Erkennbarkeit der Dinge an sich gehabt. Von der Ansicht ausgehend, dass die Eindrücke unserer Sinne die Quelle unserer Vorstellungen seien, hatte er das gewichtige Wort gesprochen: „Kein Ding entdeckt durch die Eindrücke, welche den Sinnen sich bieten, die Ursachen, die es hervorgebracht haben u. s. w." Mit diesen Worten hatte er eigentlich schon die Erkenntniss der Causalität, als primärer Qualität, von vornherein als unmöglich bezeichnet; durch fortgesetzte Untersuchungen bewies er sodann seine Annahme als richtig. Da er aber trotzdem an dem Gedanken festhielt, dass die Verknüpfung nach Ursache und Wirkung eine nothwendige sei, obgleich er ihre Allgemeingiltigkeit nicht beweisen konnte, so blieb er bei dem Subject stehen und liess in Folge vieler sich wiederholender Eindrücke die Gewohnheit entstehen. Die Gewohnheit aber ist nur eine Art subjectiver Nöthigung, aber keine erkannte Nothwendigkeit.

An die Stelle dieser durch Eindrücke der Sinne erst erlangten subjectiven Nöthigung und der zu ihrer Stütze angenommenen prastabilirten Harmonie ein anderes Prinzip zu setzen, ist Kants Aufgabe.

Die Nothwendigkeit, welche dem Causalitätsprinzip beigelegt wird, ist subjectiv; dieselbe soll aber auch allgemeingiltig, d. h. objectiv sein; jenes soll noch mehr leisten, denn es soll aus den nur subjectiven Empfindungen des inneren Sinnes objective Wahrheit herstellen. Alle unsere Vorstellungen folgen einander in der Zeit, als der Form des inneren Sinnes. Wie kommt nun in diese Succession subjectiver Vorstellungen Objectivität? Das ist die Frage.

Indem Kant auf Grundlage der Mittel der Erkenntniss die objective Welt, so wie sie sich uns darstellt, zu einer Welt der Erscheinungen machte, — und zu diesen mussten sie werden, weil wir von ihnen nur durch die Sinne und nicht durch die Vernunft a priori wissen können, — so wurde es klar, dass unsere Vorstellungen von der objectiven Welt durch die Formen der Sinne gestaltet werden. Wenn aber alle unsere Vorstellungen in der Form des inneren Sinnes auf einander folgen, so ist diese Folge derselben zunächst nur subjectiv, und wir können nicht wissen, ob sie auch an den Gegenständen in der vorgestellten Reihe einander folgen. Durch welche Erkenntnissform wird hier die Uebereinstimmung der Folge der Vorstellungen mit der Folge der Veränderungen des Gegenstandes hergestellt und gewährleistet?

Die Ordnung und Vereinigung der sich folgenden Vorstellungen darf nicht abhängig sein von der Willkür des
synthetischen Vermögens der Einbildungskraft, sondern die
Forderung ist, dass sie von demselben unabhängig, also
nothwendig sei. „Der Begriff aber, der eine Nothwendigkeit der synthetischen Einheit bei sich führt, kann nur ein
reiner Verstandesbegriff sein, der nicht in der Wahrnehmung liegt, und das ist hier der Begriff des Verhältnisses der Ursache und Wirkung, wovon die erstere die
letztere in der Zeit, als die Folge, und nicht als etwas, was
bloss in der Einbildungskraft vorhergehen (oder gar überall nicht wahrgenommen sein) könnte, bestimmt. Also ist
nur dadurch, dass wir die Folge der Erscheinungen, mithin alle Veränderungen dem Gesetze der Causalität unter-
werfen, selbst Erfahrung, d i. empirisches Erkenntniss von
demselben möglich; mithin sind sie selbst, als Gegenstände
der Erfahrung, nur nach eben dem Gesetze möglich." (Kant.
Analogie der Erfahrung.)

Wenn jedoch Kant nach diesen Worten fortfahrend
die subjective Folge der Apprehension von der objectiven
der Erscheinungen ableiten will, — „weil jene sonst gänzlich unbestimmt ist und keine Erscheinung von der anderen
unterscheidet" — so vergisst er, dass beide Folgen, sowohl
die von ihm objectiv genannte, als auch die innere nur
subjectiv in der Zeit, die nur subjectiv ist, wahrgenommen
werden und daher zwischen beiden kein Unterschied ist.
denn wir nehmen stets nur die Folge unserer Apprehension
wahr. Die Folge hiervon würde sein, dass wir nur wahrnehmen, wie Veränderungen auf einander folgen, aber nicht.
wie sie aus einander erfolgen. Ferner würde Kant aber in
den Irrthum Humes zurückfallen, der die Nothwendigkeit
des Causalitätsgesetzes aus der Erfahrung ableiten wollte.

Die beiden Beispiele. mit denen Kant seine Gedanken
zu illustriren sucht, die Wahrnehmung eines Hauses und

die eines den Fluss hinabgleitenden Schiffes, sind beide un-
passend, um den Unterschied zwischen subjectiver und objectiver Wahrnehmung zu beweisen. Die Apprehension
eines Hauses, behauptet Kant, sei abhängig von der Willkür meiner synthetischen Einbildungskraft, nicht aber die
Wahrnehmung der verschiedenen Oerter des Schiffes auf
dem Flusse; die Wahrnehmung eines Hauses könnte ich
oben oder unten beginnen, nicht aber die des Schiffes oben
oder unten auf dem Flusse. Also sei hier meine Wahrnehmung von der objectiven Folge der Veränderungen im
Gegenstande abhängig. Ist aber in der Wahrnehmung des
Wechsels der Oerter irgend eine Ursache vorhanden? Dass
das Schiff zuerst oben dann weiter unten auf dem Flusse
gesehen wird, folgt auf einander unabhängig unter sich.
Auf diese Verbindung von Erscheinungen findet die Causalität keine Anwendung, wohl aber die empirische Realität
der Zeit. Doch abgesehen von diesen Beispielen, deren
Anwendung Schopenhauer (Vierfache Wurzel...) als
misslungen nachgewiesen, hat Kant trotzdem sich auf dem
Wege einer besseren Lösung befunden. Sein Bestreben ist,
den einzelnen Vorstellungen unseres Gemüths objective Bedeutung beizulegen. „Objective Bedeutung kann nicht in
der Beziehung auf eine andere Vorstellung bestehen; denn
sonst erneuert sich die Frage, wie geht diese Vorstellung
wieder aus sich selbst heraus und bekommt objective Bedeutung noch über die subjective, welche ihr als Bestimmung
des Gemüthszustandes eigen ist." (Kant. II Analogie.)
    Sein Gedanke ist also, dass eine jede Vorstellung aus
der bloss subjectiven Folge des innern Sinnes herausge-
nommen und auf die Erscheinungen des äusseren Sinnes,
in dem die Körperwelt sich darstellt, bezogen werden soll.
Dies ist eine Forderung, die durch die Trennung der Sinnlichkeit
in eine äussere und innere gestellt wird. Schon Hume hatte die
unbequemen Folgen dieser Trennung empfunden. (II. l. c., VII, I.)

Kant will dieser Forderung dadurch genügen, dass er die einzelnen Vorstellungen in dem Verlaufe der Zeit festsetzt, so dass diejenige Vorstellung die Ursache einer andern ist, auf welche diese zu jederzeit folgt, „woraus sich denn ergiebt, dass ich erstlich nicht die Reihe umkehren und das, was geschicht, demjenigen voraussetzen kann. worauf es folgt; zweitens, dass wenn der Zustand, der vorhergeht, gesetzt wird, diese bestimmte Begebenheit unausbleiblich und nothwendig folge. Wenn es nun ein nothwendiges Gesetz unserer Sinnlichkeit, mithin eine formale Bedingung aller Wahrnehmung ist, dass die vorige Zeit die folgende nothwendig bestimmt (indem ich zur folgenden nicht anders gelangen kann als durch die vorhergehende). so ist es auch ein unentbehrliches Gesetz der empirischen Vorstellung der Zeitreihe, dass die Erscheinungen der vergangenen Zeit jedes Dasein in der folgenden bestimmen, und dass diese als Begebenheiten nicht stattfinden, als sofern jene ihnen ihr Dasein in der Zeit bestimmen d. i. nach einer Regel festsetzen. Denn nur an den Erscheinungen können wir diese Continuität im Zusammenhange der Zeiten empirisch wahrnehmen;" d. h. was als Wirkung einer Ursache angesehen werden soll, muss auf dieselbe ohne Unterbrechung der Zeitreihe durch eine fremde Vorstellung folgen

Aber wenn auch diese Bedingung erfüllt wird, so bleiben wir trotzdem nur in der Zeit oder der subjectiven Succession unserer Vorstellungen, und das Prinzip der Causalität, wenn es sich auf die Zeitfolge gründen soll, vermag die verlangte Objectivität der Vorstellungen nicht zu erzeugen. Ausserdem liegt dann noch die Gefahr nahe, die Zeit den Dingen selbst zukommen zu lassen. Jedoch hat Kant noch einen andern Wink gegeben, indem er erklärend sagt, dass die Causalität auf den Begriff der Handlung, diese auf den Begriff der Kraft und diese auf den Begriff der Substanz führe. Die Substanz ist aber beharrlich, d. h. unabhängig

von der Zeit. „Weil nun Wirkung in dem besteht, was
da geschieht, mithin im Wandelbaren, was die Zeit der
Succession nach bezeichnet, so ist das letzte Subject des-
selben das Beharrliche, als das Substratum alles Wechseln-
den d. i. die Substanz. Denn nach dem Grundsatze der
Causalität sind Handlungen immer der erste Grund von
allem Wechsel der Erscheinungen und können also nicht in
einem Subject liegen, was selbst wechselt, weil sonst andere
Handlungen und ein anderes Subject, welches diesen
Wechsel bestimmt, erforderlich wären.“ (Kant. II Analogie.)
Mehr noch als diese Erläuterung der Causalität bringt
Klarheit in diese Fragen Kants Schematismus der reinen
Verstandesbegriffe. Nach diesem ist das Reale das Schema
der Ursache. „Das Schema der Ursache und der Causalität eines Dinges überhaupt ist das Reale, worauf, wenn
es nach Belieben gesetzt wird, jederzeit etwas anderes folgt.
Es besteht also in der Succession des Mannigfaltigen, insofern sie einer Regel unterworfen ist.“ Das Schema soll
aber darthun, wie reine Verstandesbegriffe auf Erscheinungen in Raum und Zeit bezogen werden können. „Nun ist
klar, dass es ein Drittes geben müsse, was einerseits mit
der Kategorie, andererseits mit der Erscheinung in Gleich-
artigkeit stehen muss und die Anwendung des ersteren auf
die letzte möglich macht. Diese vermittelnde Vorstellung
muss rein (ohne alles Empirische) und doch einerseits
intellectuell, andererseits sinnlich sein. Eine solche ist das
transscendentale Schema.“ (K. V. d. Schem.) Wenn also die Causalität auf die Substanz geht, das Schema der Substanz
aber die Beharrlichkeit des Realen in der Zeit d. i. die
Vorstellung desselben, als eines Substratum der empirischen
Zeitbestimmung überhaupt ist, so bezieht vermittelst der
Causalität der Verstand die Vorstellungen auf ein Reales
oder Materiales, (denn die Materie ist die erscheinende
Substanz), das der Empfindung correspondirt, die mittelst

der reinen Form der Sinnlichkeit des Raumes dem Verstande als Vorstellung zugeführt wird.

Die Causalität ist also diejenige Form des Verstandes, durch welche er die Vorstellungen aus der wechselnden Succession der Zeit auf das beharrliche Zugleichsein des Raumes bezieht; denn das Beharrliche erscheint im Raum. Die Causalität löst also die Schwierigkeit, von der Hume spricht (l. c.), denn sie verknüpft den innern und äusseren Sinn; sie bewirkt, dass wir eine objective Welt räumlich wahrnehmen, und dass wir von ihr sowohl als von uns ein Bewusstsein erlangen, ein Bewusstsein von dem Ich und Nicht-Ich. Sie ist also die Grundform aller Wahrnehmung und Erkenntniss. Denn in derselben Weise wie wir durch sie die Veränderungen in unseren Vorstellungen auf ein Beharrliches beziehen, ebenso beziehen wir auch die Veränderungen der Welt auf ein Beharrliches, und nennen mit Kant dasjenige Ursache einer Veränderung, auf das, wenn es gesetzt wird, ein anderes jederzeit oder beharrlich folgt. Z. B. „Der Regen ist die Ursache der Nässe, lässt sich so umschreiben: es ist nicht nothwendig, dass es regne; wenn es aber regnet, so ist die Nässe nothwendig. Im nächsten Augenblick erinnern wir uns freilich, dass auch den Wolken nicht die Entscheidung zusteht, ob sie sich ergiessen wollen oder nicht; der Regen wird zur Nothwendigkeit und das Attribut der Freiheit wird einem andern, weiter rückwärts liegenden Einfluss beigemessen und so weiter nicht in infinitum. Denn wir stossen bei allen Naturbetrachtungen auf eine Grenze, an welcher die Kette bekannter Ursachen, nicht aber das Verlangen nach Ursachen ihr Ende erreichen.“ (Henle. Anthropol. Vorträge, Seite 35.)

Dies Streben der reinen Vernunft nach den letzten Ursachen, von dem auch Hume spricht, kritisirt Kant in den Antinomien der reinen Vernunft, indem er nachweist, dass die theoretische Vernunft nicht an das Ende aller Ursachen werde gelangen können, obwohl es ein Bedürfniss der praktischen sei, eine letzte Ursache, d. h. Freiheit anzunehmen.

Mit dieser Darstellung der Causalität sind wir der Auffassung, welche Schopenhauer (Vierf. Wurzel) von derselben hat, näher getreten. In der That ist nicht zu verkennen, dass Schopenhauer die Lehre Kants vereinfacht hat, doch kann nicht geleugnet werden, dass er in einigen Punkten dem materialen Idealismus Berkeleys nahe gekommen ist. Denn während Kant, veranlasst durch Hume, darthut, wie synthetische Urtheile a priori möglich seien, lässt Schopenhauer die Welt der Objecte erst durch die Verstandesformen entstehen. Ferner aber unterscheiden sie sich darin von einander, dass Schopenhauer vermittelst der einen Form, der Causalität, objective Erkenntniss erlangen will, während Kant den weitverzweigten Apparat der Kategorien zu demselben in Bewegung setzt. Durch diese Weitschweifigkeit ist es aber geschehen, dass er in mancherlei Irrthümer gerathen ist; denn der andererseits getadelten Symmetrie zu Liebe hat er ein weitverzweigtes System ausgebaut, das durch Verschmelzung einzelner Partien sich vereinfachen lässt. Doch darf nicht verkannt werden, dass auch Kant schon danach getrachtet hat, die Grundquelle aller Denkformen aufzusuchen; und auch von ihm wird der Causalität fast dieselbe Rolle zuertheilt, die ihr Schopenhauer gegeben hat, nemlich aus den subjectiven Vorstellungen in der Zeit objective Erkenntniss herzustellen.

Das grosse Verdienst Kants um die Erkenntnisslehre ist, dass er die Erkenntnissformen von den Dingen absondert und von der Erfahrung selbst unabhängig macht und dadurch einen ganz neuen Begriff der Erfahrung bildet. Wenn auch schon Hume durch die Ungewissheit der

Erfahrung angetrieben zu einer Art von Apriorität der Causalität seine Zuflucht nehmen musste, so ist die Kantische Apriorität doch eine bei weitem andere, eine solche, durch die in das Gewirr der verschiedenen Eindrücke von vornherein Ordnung und Klarheit gebracht wird.

Während also die Empfindungen der Sinne abhängig sind von der Organisation derselben, so soll die Causalität wie Raum und Zeit von unseren Naturanlagen oder unserer Organisation unabhängig sein. (cf. Kant. Transscend. Deduction, § 27.) Mit dieser Darstellung fällt die Begründung derselben durch eine Art nur subjectiver Nöthigung. Wenn also Lange (Gesch. des Materialismus), da, wo er die verschiedenen Begründungen der Causalität vergleicht, Kant überwunden zu haben glaubt, wenn er sagt, „dass der Causalitätsbegriff in unserer Organisation wurzele," so kommt er nur auf die Humesche Begründung zurück. Diese Begründung kann jedoch in keiner Weise genügen, da durch sie die reine Verstandesform mit den Sinnesqualitäten confundirt wird. Kants Bestreben ist aber gerade dahin gerichtet, den Formen der Erkenntniss eine andere Apriorität zu vindiciren, als den Sinnen zukommen kann; die der letztern ist nur empirisch subjectiv, die jener soll aber transscendental subjectiv sein. denn nur dann können durch sie synthetische Urtheile a priori gebildet und die Erfahrung möglich gemacht werden. Durch dieses Resultat, dass der Begriff der Causalität die Erfahrung möglich macht, beantwortet Kant die Frage nach der Gewissheit der Uebereinstimmung der Erkenntniss mit den Gegenständen, die Hume durch eine prästabilirte Harmonie begründen wollte. Dies gelingt Kant durch den Nachweis, dass die Bedingungen der Möglichkeit der Erfahrung zugleich die formalen Bedingungen der Möglichkeit der Gegenstände der Erfahrung sind. Denn wenn wir die Dinge räumlich und zeitlich wahrnehmen, so stehen sie auch unter den Bedingungen von

Raum und Zeit, ebenso wie sie unter der nothwendigen
Verknüpfung von Ursache und Wirkung stehen. Demnach
ist die Frage, ob die Formen des Denkens auch Formen
der Dinge sind, insofern zu bejahen, als die Dinge Objecte
der Erkenntniss d. h. Erscheinungen werden, während der
andere Theil der Frage, ob sie den Dingen an sich zukommen, von Schiller in den „Columbus" überschriebenen
Distichen allerdings bejahend beantwortet ist. Sollte die
Uebereinstimmung zwischen Genius und Natur wirklich bestehen, so würden unsere Denkformen auch Erscheinungs-
formen unseres an sich sein ebenso wie der Dinge an sich;
wir würden dann sagen können, dass die Dinge nicht bloss
uns räumlich und zeitlich, beherrscht von der Causalität, erscheinen, sondern in diesen Formen überhaupt erscheinen.
Dieser Gedanke bildet die Grundlage der Schillerschen
Dichtung und ist von Kant in der Kritik der praktischen
Vernunft angedeutet worden.

Zum Schluss erübrigt nur noch anzuführen, dass Kant
ferner mit Hume darin übereinstimmt, dass unsere Handlungen am Faden der Causalität mit Nothwendigkeit einander folgen, dass er sich jedoch dadurch von ihm unterscheidet, dass er uns als Dinge an sich aus der Welt der
Erscheinungen entrückt und in eine intelligible Welt ver-
setzt, auf welche die Formen der Erkenntniss keine Anwendung haben, so dass uns als Dingen an sich Freiheit zukommt.

Das Resultat der Untersuchungen nach der Gewissheit
der Erfahrung ist, dass die Erfahrung dieselbe Gewissheit
besitzt, welche die Formen der Erkenntniss haben, denn
durch sie wird alle Erkenntniss erst möglich.